潜能开发
青少年思维
能力训练丛书

越玩越聪明的火柴棍游戏

尹 沁 主编

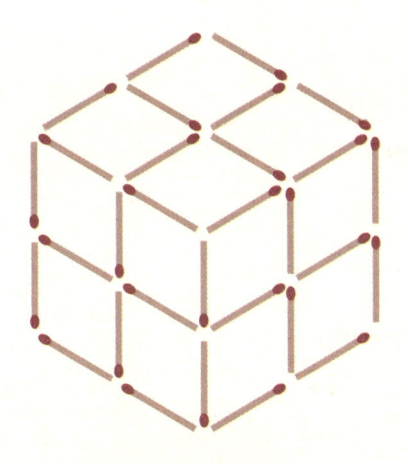

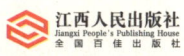

江西人民出版社
知识出版社

图书在版编目（CIP）数据

越玩越聪明的火柴棍游戏 / 尹沁主编. -- 北京：知识出版社，2019.11
（潜能开发青少年思维能力训练丛书）
ISBN 978-7-5215-0089-9

Ⅰ．①越… Ⅱ．①尹… Ⅲ．①智力游戏—青少年读物 Ⅳ．①G898.2

中国版本图书馆CIP数据核字(2019)第250464号

越玩越聪明的火柴棍游戏   尹 沁 主编

出 版 人	张德意　姜钦云
责任编辑	周　玄
策划编辑	田荣尚
特约编辑	曾旭明
装帧设计	李　谈
出版发行	江西人民出版社　知识出版社
地　　址	北京市西城区阜成门北大街17号
邮　　编	100037
电　　话	010-88390659
印　　刷	南昌市红星印刷有限公司
开　　本	710mm×1000mm　1/16
印　　张	10
字　　数	160千字
版　　次	2019年11月第1版
印　　次	2020年2月第2次印刷
书　　号	ISBN 978-7-5215-0089-9
定　　价	36.00元

版权所有　翻印必究

前言

　　大脑是人体最复杂的器官，它不仅主导着人的思想，还控制着人的感觉、情绪和反应，主宰着人一生的发展。让大脑蕴藏的潜能得到充分的开发，是一个人走向成功的关键。

　　如同人的躯体一样，大脑也可以通过训练来获得更好的发展，变得更聪明、更具有创造性。而6～15岁就是开发大脑潜能的黄金时期，是青少年养成爱思考、会思考好习惯的关键阶段。为了让孩子们爱思考、会思考、勤思考，并将这种好习惯带到学习中去，根据青少年这一阶段身心发育的特点，我们特别打造了这套"潜能开发·青少年思维能力训练"丛书，针对孩子不同的思维能力和思维方式，进行定点、定项、定目标的系统训练。

　　"潜能开发·青少年思维能力训练"丛书共10本，包括《越玩越聪明的谜语游戏》《越玩越聪明的思维游戏》《越玩越聪明的数学游戏》《越玩越聪明的脑筋急转弯》《越玩越聪明的趣味实验》《越玩越聪明的火柴棍游戏》《越玩越聪明的成语游戏》《越玩越聪明的填字游戏》《越玩越聪明的左脑游戏》和《越玩越聪明的右脑游戏》，主题多样，题型丰富，是一套科学、系统、有趣的思维训练工具书。

　　"潜能开发·青少年思维能力训练"丛书不仅可以全方位地培养孩子的思维能力，还可以根据孩子自身的思维特点，有重点地进行思维训练，取长补短，培养良好的思维习惯。本丛书图文结合，寓教于乐，既增强了趣味性，又扩大了孩子的知识面，让他们在玩乐中调动学习兴趣，循序渐进地培养良好的思维习惯，成为真正的思维高手！

编　者

2019 年 10 月

目录

第一章 图形变化

1. 房子变方向 …………… 002
2. 增加1倍 ……………… 002
3. 旗变房子 ……………… 003
4. 飞行的燕子 …………… 003
5. 4变3 …………………… 004
6. 转变方向 ……………… 004
7. 汉字变图形 …………… 005
8. 长颈鹿 ………………… 005
9. 搭建小船 ……………… 006
10. 添2为7 ……………… 006
11. 4变5 ………………… 007
12. 4变6 ………………… 007
13. 加2变14 ……………… 008
14. 10变6 ………………… 008
15. 缩小一半 ……………… 009
16. 1变8 ………………… 009
17. 六边形变三角形 ……… 010
18. 拼成6个 ……………… 010
19. 6变12 ………………… 011
20. 巧变图形 ……………… 011
21. 10根火柴棍 …………… 012
22. 巧摆正方形 …………… 012
23. 倒过来的三角形 ……… 013
24. 多变六边形 …………… 013
25. 灵活的小鱼 …………… 014
26. 14变4 ………………… 014
27. 5变7 ………………… 015
28. 去掉5根 ……………… 015
29. 移2增1 ……………… 016
30. 移2减1 ……………… 016
31. 移4变3 ……………… 017
32. 3棵树 ………………… 017

㉝ 添2加3 …………… 018	㊼ 1变3 ……………… 025
㉞ 2个正方形 ………… 018	㊽ 巧拆蜂巢 …………… 025
㉟ 多变三角形 ………… 019	㊾ 巧变九宫格 ………… 026
㊱ 消除正方形 ………… 019	㊿ 去6存3 ……………… 026
㊲ 5变6 ………………… 020	51 不等变相等 ………… 027
㊳ 分别递增1个 ……… 020	52 消除三角形 ………… 028
㊴ 重组增1倍（一）… 021	53 杯子变成房子 ……… 029
㊵ 重组增1倍（二）… 021	54 搭建三角形 ………… 029
㊶ 小狗转身 …………… 022	55 可爱的小猪 ………… 030
㊷ 椅子变方向 ………… 022	56 金字塔 ……………… 030
㊸ 蝴蝶结 ……………… 023	57 变化的铅笔 ………… 031
㊹ 巧移椅子 …………… 023	58 热水瓶变方形 ……… 031
㊺ 添4成6 ……………… 024	59 把书倒过来 ………… 032
㊻ 去4变9 ……………… 024	60 倒转雨伞 …………… 032

第二章　算式摆拼

① 多种排列 …………… 034	⑦ 移动1根火柴棍（五）… 037
② 有趣的罗马数字 …… 034	⑧ 移动1根火柴棍（六）… 037
③ 移动1根火柴棍（一）… 035	⑨ 移动1根火柴棍（七）… 038
④ 移动1根火柴棍（二）… 035	⑩ 移动1根火柴棍（八）… 038
⑤ 移动1根火柴棍（三）… 036	⑪ 移动1根火柴棍（九）… 039
⑥ 移动1根火柴棍（四）… 036	⑫ 移动1根火柴棍（十）… 039

⑬ 移动2根火柴棍（一）… 040	㊲ 变为正确算式（五）…… 052
⑭ 移动2根火柴棍（二）… 040	㊳ 变为正确算式（六）…… 052
⑮ 移动2根火柴棍（三）… 041	㊴ 算式变等式（一）……… 053
⑯ 移动2根火柴棍（四）… 041	㊵ 算式变等式（二）……… 053
⑰ 移动2根火柴棍（五）… 042	㊶ 算式变等式（三）……… 054
⑱ 移动2根火柴棍（六）… 042	㊷ 算式变等式（四）……… 054
⑲ 移动2根火柴棍（七）… 043	㊸ 罗马算式（一）………… 055
⑳ 移动2根火柴棍（八）… 043	㊹ 罗马算式（二）………… 055
㉑ 移动2根火柴棍（九）… 044	㊺ 使等式成立（一）……… 056
㉒ 移动2根火柴棍（十）… 044	㊻ 使等式成立（二）……… 056
㉓ 改正错题（一）………… 045	㊼ 使等式成立（三）……… 057
㉔ 改正错题（二）………… 045	㊽ 使等式成立（四）……… 057
㉕ 改正错题（三）………… 046	㊾ 使等式成立（五）……… 058
㉖ 改正错题（四）………… 046	㊿ 使等式成立（六）……… 058
㉗ 改正错题（五）………… 047	51 使等式成立（七）……… 059
㉘ 改正错题（六）………… 047	52 使等式成立（八）……… 059
㉙ 改正错题（七）………… 048	53 使等式成立（九）……… 060
㉚ 改正错题（八）………… 048	54 使等式成立（十）……… 060
㉛ 改正错题（九）………… 049	55 使等式成立（十一）…… 061
㉜ 改正错题（十）………… 049	56 使等式成立（十二）…… 061
㉝ 变为正确算式（一）…… 050	57 使等式成立（十三）…… 062
㉞ 变为正确算式（二）…… 050	58 使等式成立（十四）…… 062
㉟ 变为正确算式（三）…… 051	59 使等式成立（十五）…… 063
㊱ 变为正确算式（四）…… 051	60 使等式成立（十六）…… 063

61 使等式成立（十七）…… 064	84 移动3根火柴棍（八）… 075
62 使等式成立（十八）…… 064	85 移动3根火柴棍（九）… 076
63 使等式成立（十九）…… 065	86 移动3根火柴棍（十）… 076
64 三选一（一）………… 065	87 移动3根火柴棍（十一）… 077
65 三选一（二）………… 066	88 移动3根火柴棍（十二）… 077
66 三选一（三）………… 066	89 移动3根火柴棍（十三）… 078
67 三选一（四）………… 067	90 移动3根火柴棍（十四）… 078
68 三选一（五）………… 067	91 移动3根火柴棍（十五）… 079
69 三选一（六）………… 068	92 移动3根火柴棍（十六）… 079
70 三选一（七）………… 068	93 移动3根火柴棍（十七）… 080
71 三选一（八）………… 069	94 移动3根火柴棍（十八）… 080
72 三选一（九）………… 069	95 等式变等式（一）…… 081
73 三选一（十）………… 070	96 等式变等式（二）…… 081
74 三选一（十一）……… 070	97 等式变等式（三）…… 082
75 三选一（十二）……… 071	98 等式变等式（四）…… 082
76 三选一（十三）……… 071	99 等式变等式（五）…… 083
77 移动3根火柴棍（一）… 072	100 等式变等式（六）…… 083
78 移动3根火柴棍（二）… 072	101 等式变等式（七）…… 084
79 移动3根火柴棍（三）… 073	102 等式变等式（八）…… 084
80 移动3根火柴棍（四）… 073	103 等式变等式（九）…… 085
81 移动3根火柴棍（五）… 074	104 等式变等式（十）…… 085
82 移动3根火柴棍（六）… 074	105 等式变等式（十一）… 086
83 移动3根火柴棍（七）… 075	106 等式变等式（十二）… 086

第三章 文字造型

1. 方格变汉字 …………… 088
2. 三角形变汉字 ………… 088
3. 数字变单词（一）……… 089
4. 数字变单词（二）……… 089
5. 数字变单词（三）……… 090
6. 数字变单词（四）……… 090
7. 数字变单词（五）……… 091
8. 数字变单词（六）……… 091
9. 数字变单词（七）……… 092
10. 数字变单词（八）……… 092
11. 数字变单词（九）……… 093
12. 数字变单词（十）……… 093
13. 城市名（一）…………… 094
14. 城市名（二）…………… 094
15. 自然景观 ………………… 095
16. 组词（一）……………… 095
17. 组词（二）……………… 096
18. 组词（三）……………… 096
19. 组词（四）……………… 097
20. 组词（五）……………… 097
21. 组词（六）……………… 098
22. 添2成汉字 ……………… 098
23. 5根火柴棍 ……………… 099
24. 6根火柴棍 ……………… 099
25. 7根火柴棍 ……………… 100
26. 成语（一）……………… 100
27. 成语（二）……………… 101
28. 成语（三）……………… 101
29. 成语（四）……………… 102
30. 巧变字母（一）………… 102
31. 巧变字母（二）………… 103
32. 巧变字母（三）………… 103
33. 巧变字母（四）………… 104
34. 巧变字母（五）………… 104
35. 巧变字母（六）………… 105
36. 巧变字母（七）………… 105
37. 巧变字母（八）………… 106
38. 巧变字母（九）………… 106
39. 巧变字母（十）………… 107
40. 巧变字母（十一）……… 107
41. 变字 ……………………… 108
42. 加笔画 …………………… 108

第四章　综合演练

1. 图书变成蝴蝶 …………… 110
2. 鸡爪变成鸭掌 …………… 110
3. 加1变5 …………………… 111
4. 2：1 ……………………… 111
5. 大2倍 …………………… 112
6. 添6变11 ………………… 112
7. 巧移梯形 ………………… 113
8. 1栋变2栋 ………………… 113
9. 图形变数字（一）……… 114
10. 图形变数字（二）……… 114
11. 电脑变图形 ……………… 115
12. 台灯变三角形 …………… 115
13. 蛇变成扫把 ……………… 116
14. 巧变菱形 ………………… 116
15. 老鼠变成雨伞 …………… 117
16. 增加桥洞 ………………… 117
17. 矫正算式（一）………… 118
18. 矫正算式（二）………… 118
19. 矫正算式（三）………… 119
20. 矫正算式（四）………… 119
21. 矫正算式（五）………… 120
22. 矫正算式（六）………… 120
23. 计算出得数（一）……… 121
24. 计算出得数（二）……… 121
25. 图形变英语单词（一）… 122
26. 图形变英语单词（二）… 122
27. 图形变英语单词（三）… 123
28. 图形变英语单词（四）… 123
29. 添加成汉字（一）……… 124
30. 添加成汉字（二）……… 124

参考答案 ………………………………………………… 125

第一章

图形变化

1 房子变方向

下图是由13根火柴棍组合成的房子，正对我们的一面位于左边。请移动3根火柴棍，使正对我们的一面位于右边。

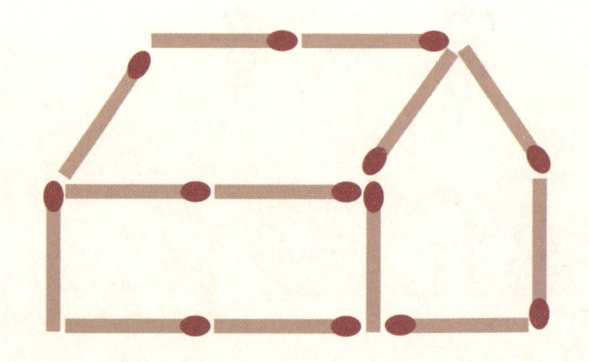

2 增加1倍

请增加2根火柴棍，把左图的1个三角形变成2个三角形；增加3根火柴棍，把右图的1个正方形变成2个正方形。

第一章 · 图形变化

3 旗变房子

下图是旗杆上的一面旗。请添加4根火柴棍,把旗杆与旗变成一幢房子。

4 飞行的燕子

下图是由8根火柴棍组成的向上飞的燕子。请移动3根火柴棍,使燕子向下飞。

003

5 4变3

请移动3根火柴棍，使下图变成含有3个同样大小的正方形的图形。

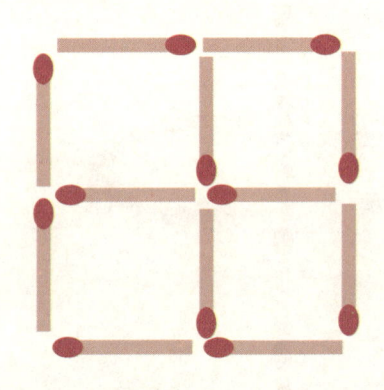

6 转变方向

下图的杯口向上。请移动2根火柴棍，使杯口向下。

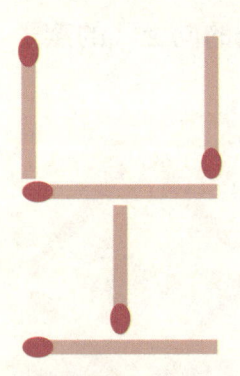

7 汉字变图形

下图是由15根火柴棍组成的一个弓字图形。请移动4根火柴棍，使它变成含有两个正方形的图形。

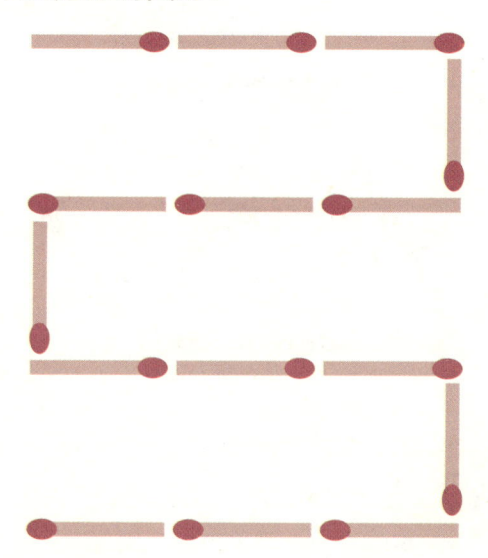

8 长颈鹿

下图是由火柴棍组成的长颈鹿。请移动1根火柴棍，使长颈鹿的脸朝上。

005

9 搭建小船

下图含有3个梯形和2个等边三角形。请移动4根火柴棍，使下图变成一只小船。

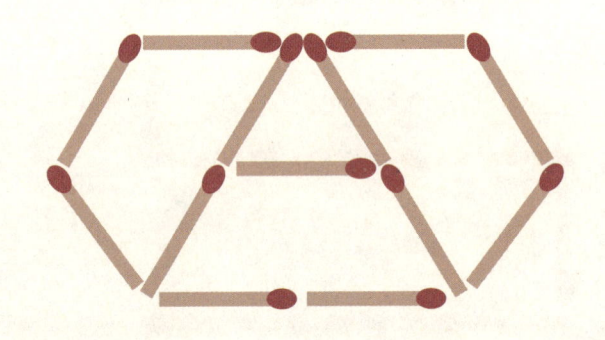

10 添2为7

下图是由3个三角形和1个菱形组成的图形。请添加2根火柴棍，使下图含有7个三角形。

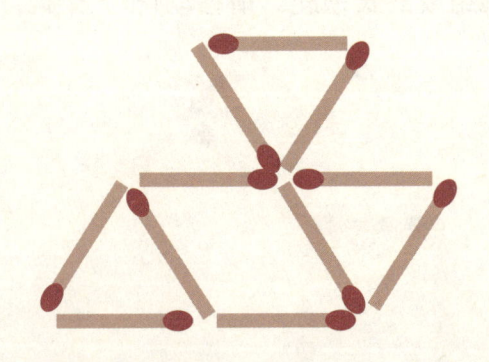

第一章 · 图形变化

11 4变5

下图是由17根火柴棍组成的4个正方形。请移动2根火柴棍，使正方形变成5个。

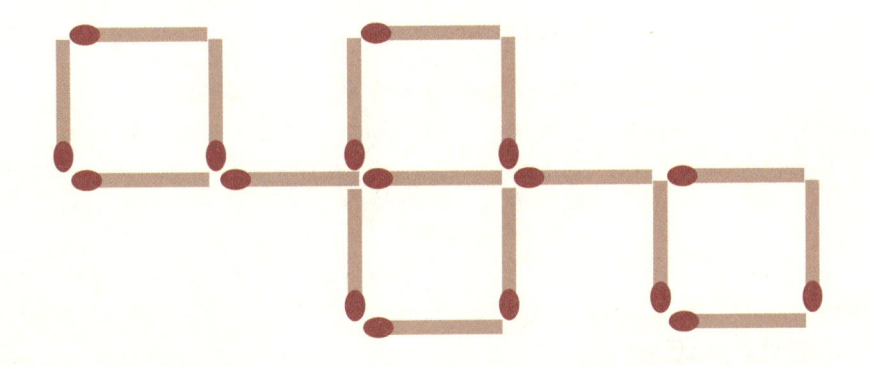

12 4变6

下图是由15根火柴棍组成的4个正方形。请移动3根火柴棍，使它们变成6个大小不等的正方形。

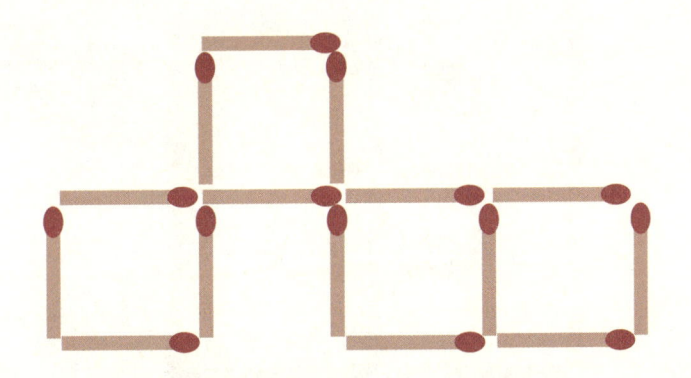

13 加2变14

下图含有3个大小不等的正方形。请添加2根火柴棍，使它含有14个大小不等的正方形。

14 10变6

下图含有10个大小不等的正方形。请移动4根火柴棍，使它含有6个大小不等的正方形。

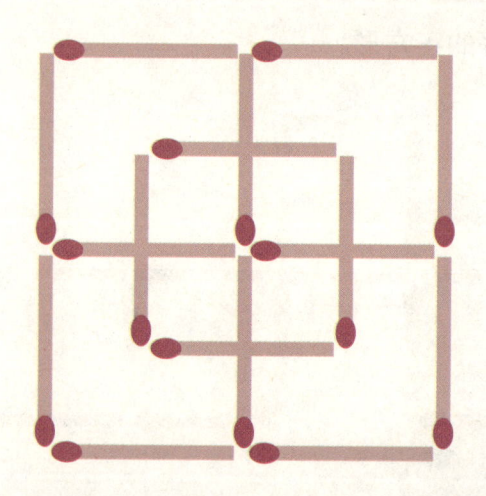

第一章 · 图形变化

15 缩小一半

下图是用10根火柴棍拼成的长方形。请用8根火柴棍拼成比下面的图形面积小一半的图形。

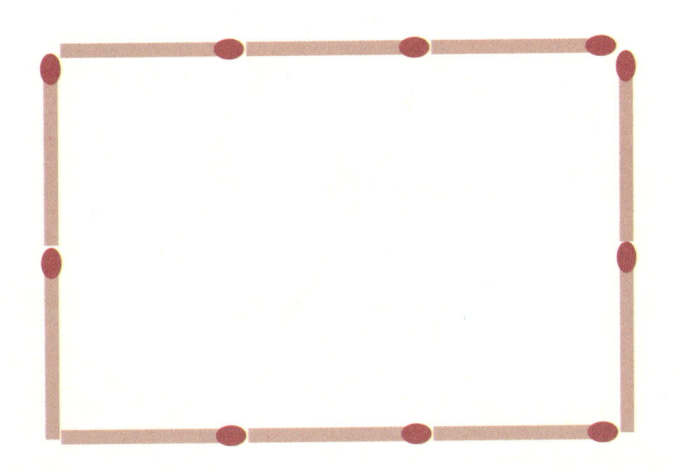

16 1变8

下图是由3根火柴棍组成的三角形。请增加2根略短一点的火柴棍，使下图含有8个大小不等的三角形。

17 六边形变三角形

下图是由12根火柴棍组成的六边形。请移动6根火柴棍,使其变成含有3个大小不等的三角形的图形。

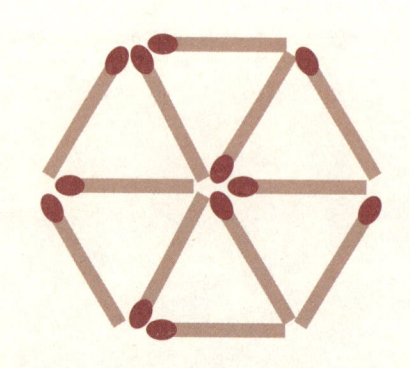

18 拼成6个

下图是2个独立的三角形,右边的三角形比左边的略小。请把它们拆分,并重新拼成一个含有6个大小相等的小三角形的图形。

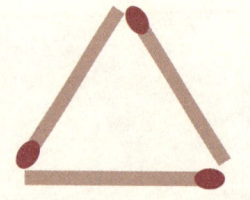

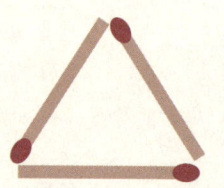

19 6变12

下图含有6个大小不等的三角形。请添加7根火柴棍，使其含有12个大小不等的三角形。

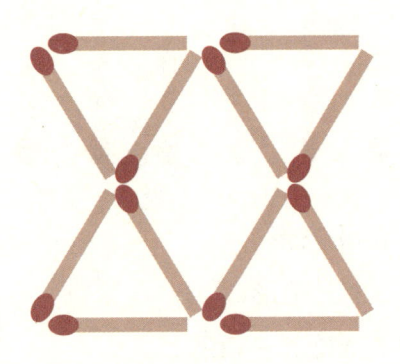

20 巧变图形

下图是1个六边形。请移动3根火柴棍，使其含有1个三角形、1个平行四边形和1个梯形。

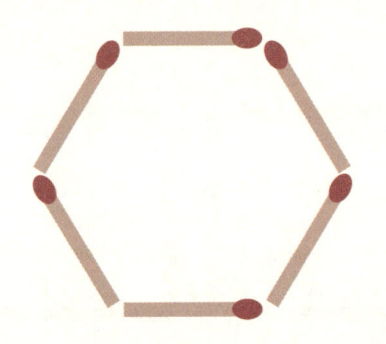

21 10根火柴棍

请用10根火柴棍按照要求拼出多种多样的图形。

①拼出3个大小相等的正方形。
②拼出1个正方形和3个三角形。
③拼出2个平行四边形和2个三角形。
④拼出1个正方形、3个三角形和1个梯形。

22 巧摆正方形

下图是由16根火柴棍摆出的4个正方形。请分别用13、14、15根火柴棍也摆出4个正方形。

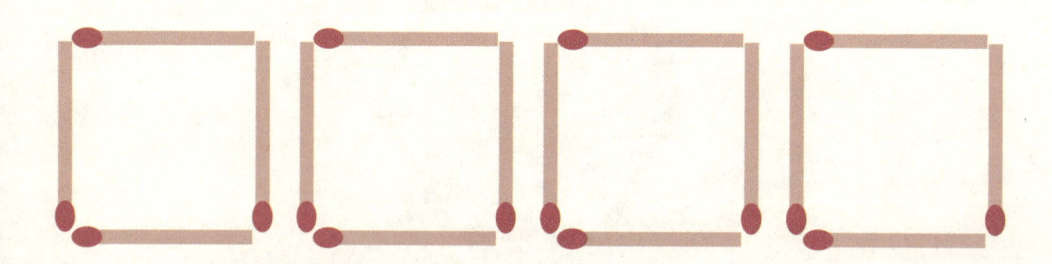

23 倒过来的三角形

下图是由9根火柴棍组成的3个三角形。请移动4根火柴棍，使3个三角形倒过来。

24 多变六边形

下图是由12根火柴棍拼成的六边形。请按照要求去掉火柴棍。

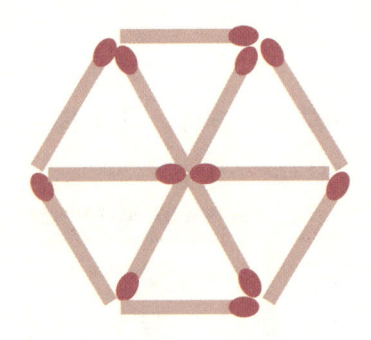

①去掉3根火柴棍，使其剩下3个相同的三角形。
②去掉4根火柴棍，使其剩下3个相同的三角形。
③去掉5根火柴棍，使其剩下3个相同的三角形。

25 灵活的小鱼

下图是由8根火柴棍拼成的小鱼。请按照要求移动火柴棍。

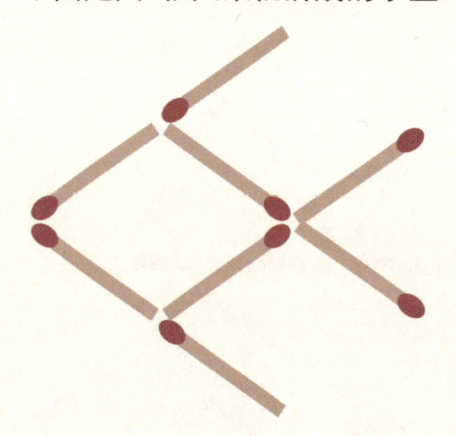

①移动2根火柴棍，使小鱼的头朝上。

②移动3根火柴棍，使小鱼头朝右。

26 14变4

下图含有14个大小不等的正方形。请去掉4根火柴棍，使图形含有3个小正方形、2个中正方形和1个大正方形。

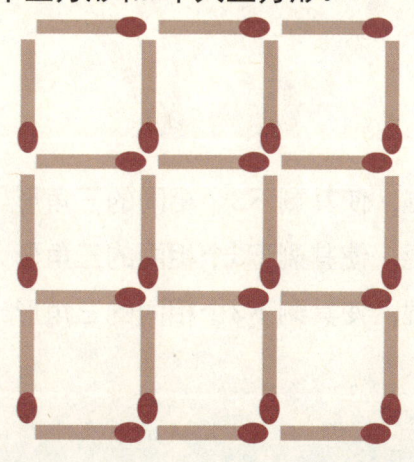

27　5变7

下图是由20根火柴棍组成的5个正方形。请移动3根火柴棍，使其含有7个大小相等的小正方形。

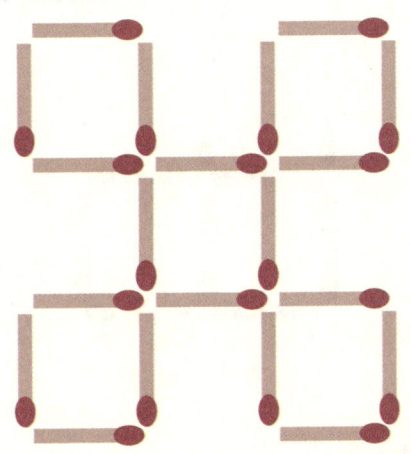

28　去掉5根

下图是由17根火柴棍组成的6个大小相等的正方形。请去掉5根火柴棍，使其含有3个大小相等的正方形。

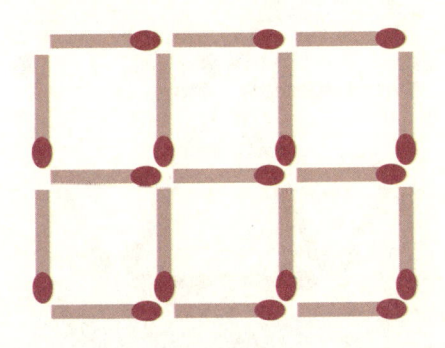

015

29 移2增1

下图是由10根火柴棍组成的3个大小相等的正方形。请移动2根火柴棍，使其含有4个大小相等的长方形。

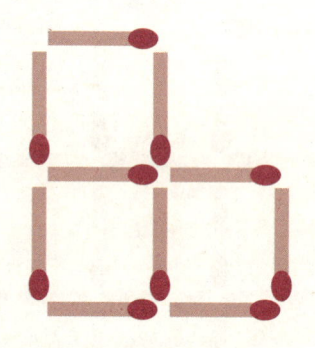

30 移2减1

下图是由12根火柴棍组成的六边形。请移动2根火柴棍，使其变成含有5个大小相等的三角形的图形。

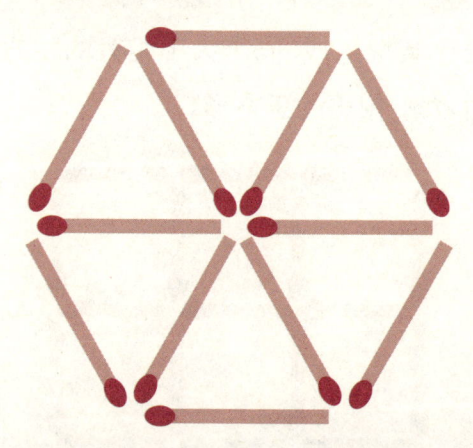

第一章 • 图形变化

31 移4变3

下图是一个田字的图形。请移动4根火柴棍，使下图变成3个小正方形。

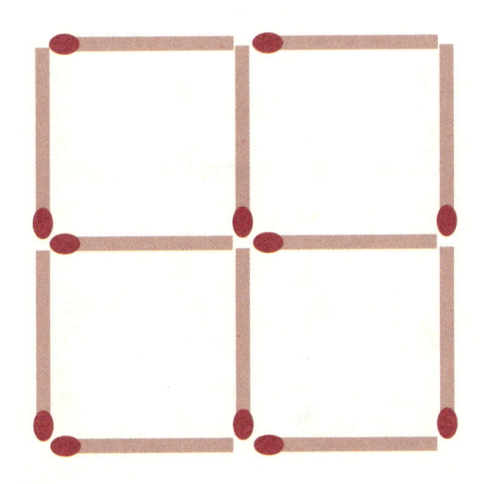

32 3棵树

左图是1棵树的图案。请移动右图的3根火柴，使其变成由3棵左图中的树构成的图案。

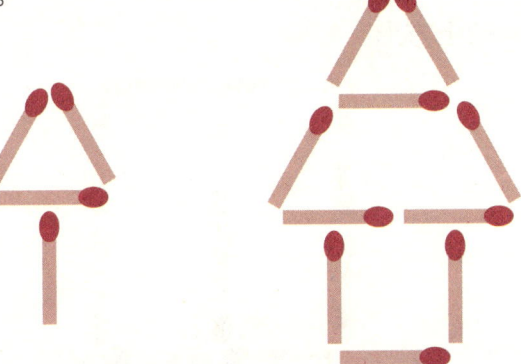

017

33 添2加3

下图是由20根火柴棍组成的5个正方形。请添加2根火柴棍，使其含有8个大小不等的正方形。

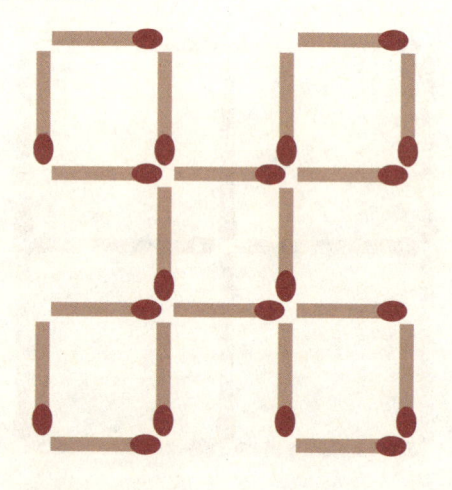

34 2个正方形

下图是由10根火柴棍组成的2个长方形。请移动1根火柴，使其变成2个大小不等的正方形。

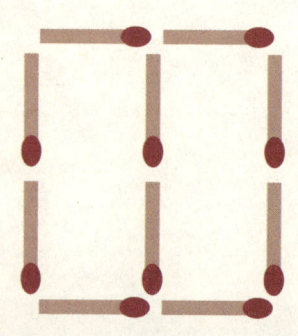

第一章 · 图形变化

35 多变三角形

下图是由9根火柴棍拼成的三角形。请按照要求去掉火柴棍。

①去掉3根火柴棍，使其变成1个三角形。
②去掉2根火柴棍，使其变成2个三角形。
③去掉1根火柴棍，使其变成3个三角形。

36 消除正方形

下图含有9个大小不等的正方形。请去掉4根火柴棍，使下图没有正方形。

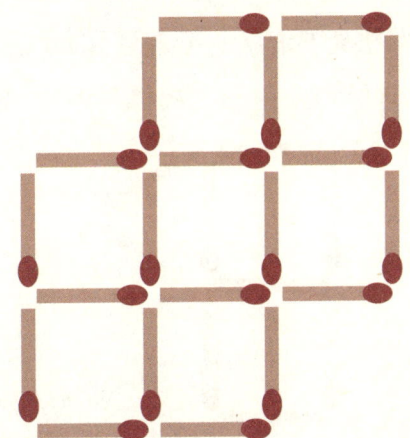

37　5变6

下图是由12根火柴棍组成的大小不等的5个正方形。请仍然用12根火柴棍组成大小相等的6个正方形。

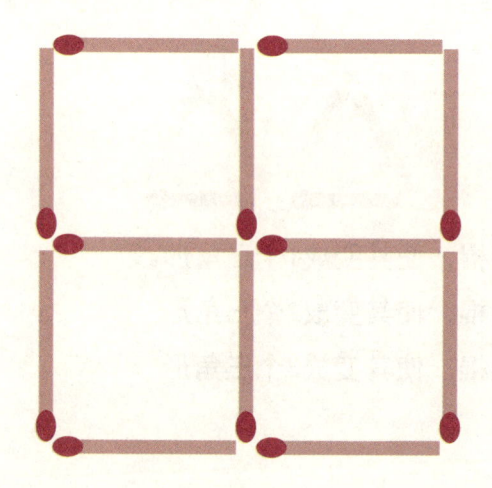

38　分别递增1个

下图是由9根火柴棍组成的2个正方形和1个三角形。请把这9根火柴棍重新组合，使正方形和三角形的数量各增加1个。

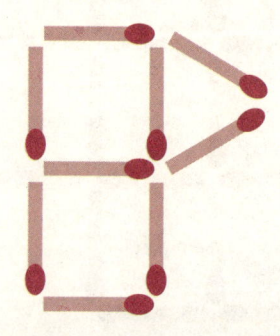

39 重组增1倍（一）

下图是由8根火柴棍组成的1个正方形和2个三角形。请重新组合这8根火柴棍，使三角形的数量增大1倍。

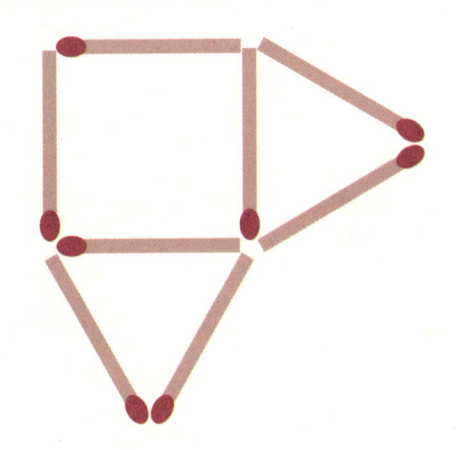

40 重组增1倍（二）

下图是由6根火柴棍组成的2个三角形。请重新组合这6根火柴棍，使三角形的数量增大1倍。

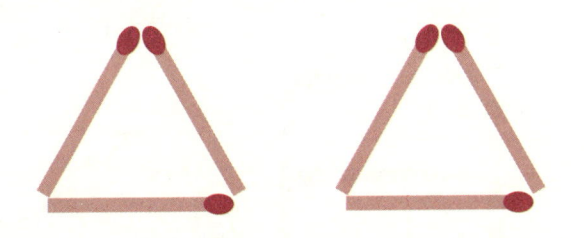

021

41 小狗转身

这只小狗的头朝左。请移动2根火柴棍，使小狗的身子向反方向旋转，头朝右。

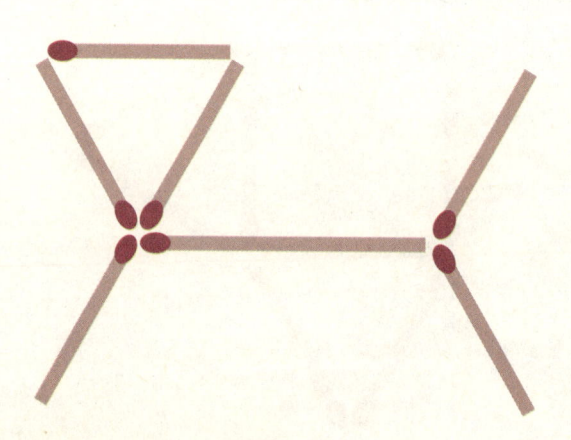

42 椅子变方向

下图椅子的靠背在左边。请移动1根火柴棍，使椅子的靠背在右边。

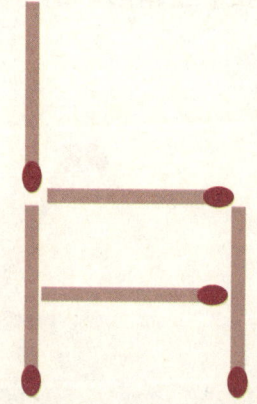

43 蝴蝶结

下图蝴蝶结的一对翅膀朝下。请移动2根火柴棍，使蝴蝶结的翅膀朝上。

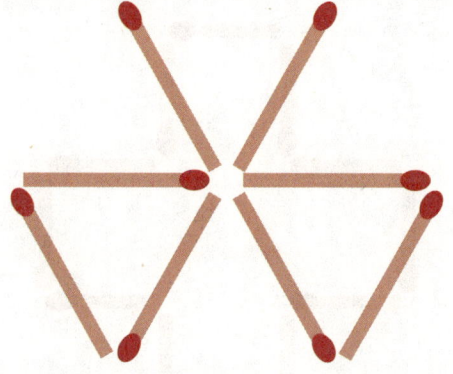

44 巧移椅子

请移动3根火柴棍，使桌子在2个椅子中间。

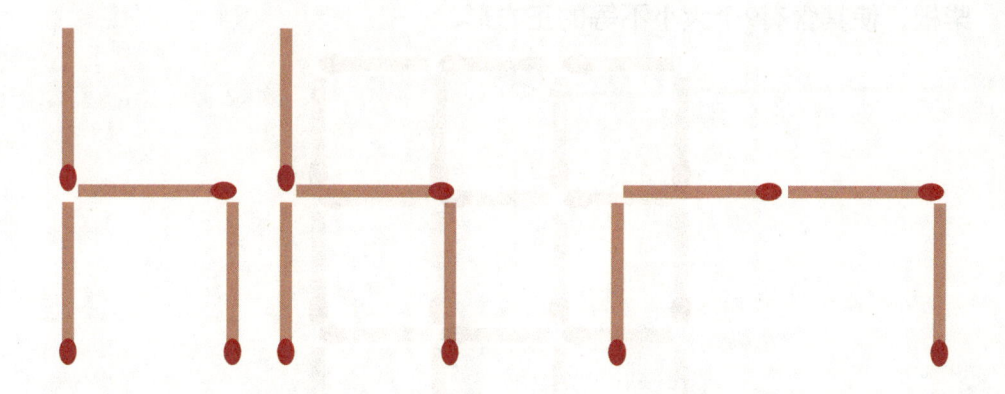

45 添4成6

下图是由12根火柴棍拼成的图案。请添加4根火柴棍，使其含有6个长方形。

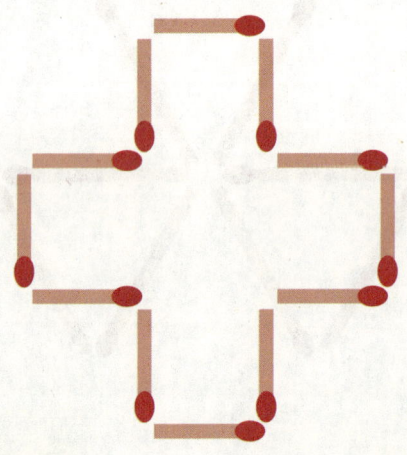

46 去4变9

下图是由24根火柴棍组成的14个大小不等的正方形。请去掉4根火柴棍，使其含有9个大小不等的正方形。

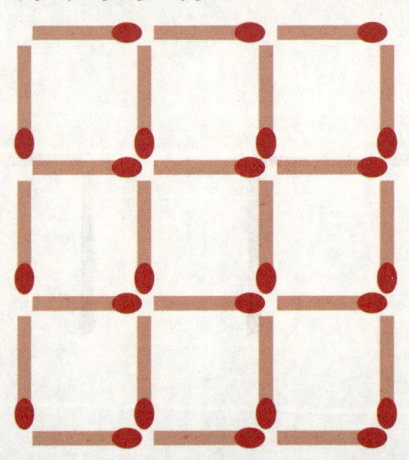

47 1变3

下图是由8根火柴棍组成的1个正方形。请用这8根火柴棍重新组合成含有3个大小不等的正方形的图形。

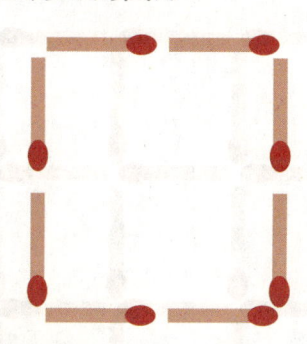

48 巧拆蜂巢

下图是一个蜂巢的图形。请去掉8根火柴棍，使其含有6个大小不等的正方形。

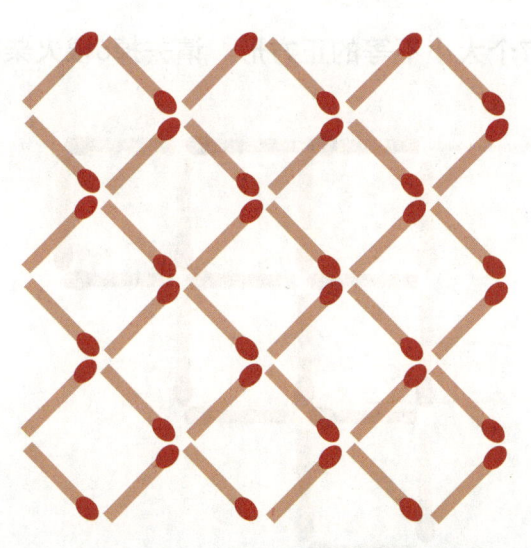

49 巧变九宫格

下图是一个九宫格图案。请分别去掉8根、9根、10根火柴棍，使图形变成2个正方形。

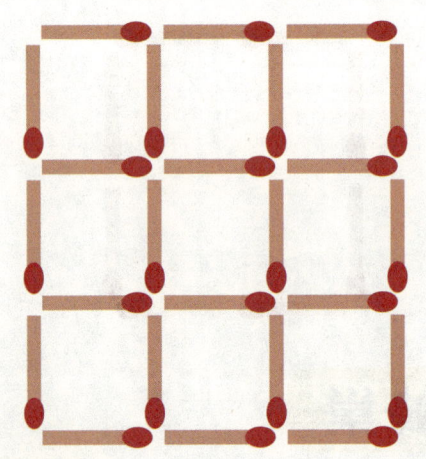

50 去6存3

下图含有7个大小不等的正方形。请去掉6根火柴棍，使其只剩下3个正方形。

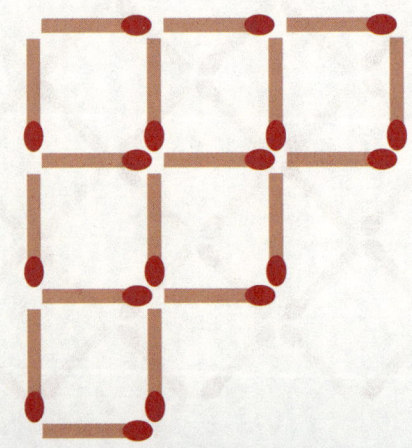

51 不等变相等

下图是一个回字图形，含有2个大小不等的正方形。请移动4根火柴棍，使其含有2个大小相等的正方形。

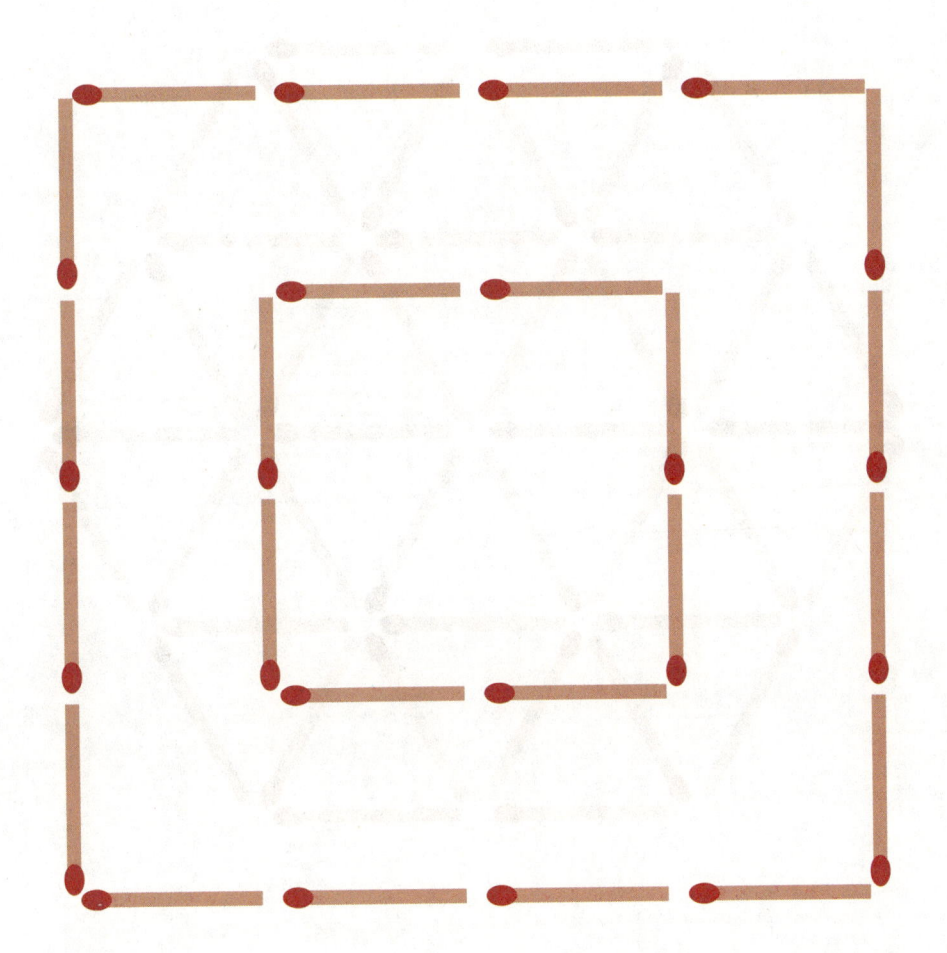

027

52 消除三角形

下图有24个大小相等的小三角形。请去掉12根火柴棍，使三角形完全消失。

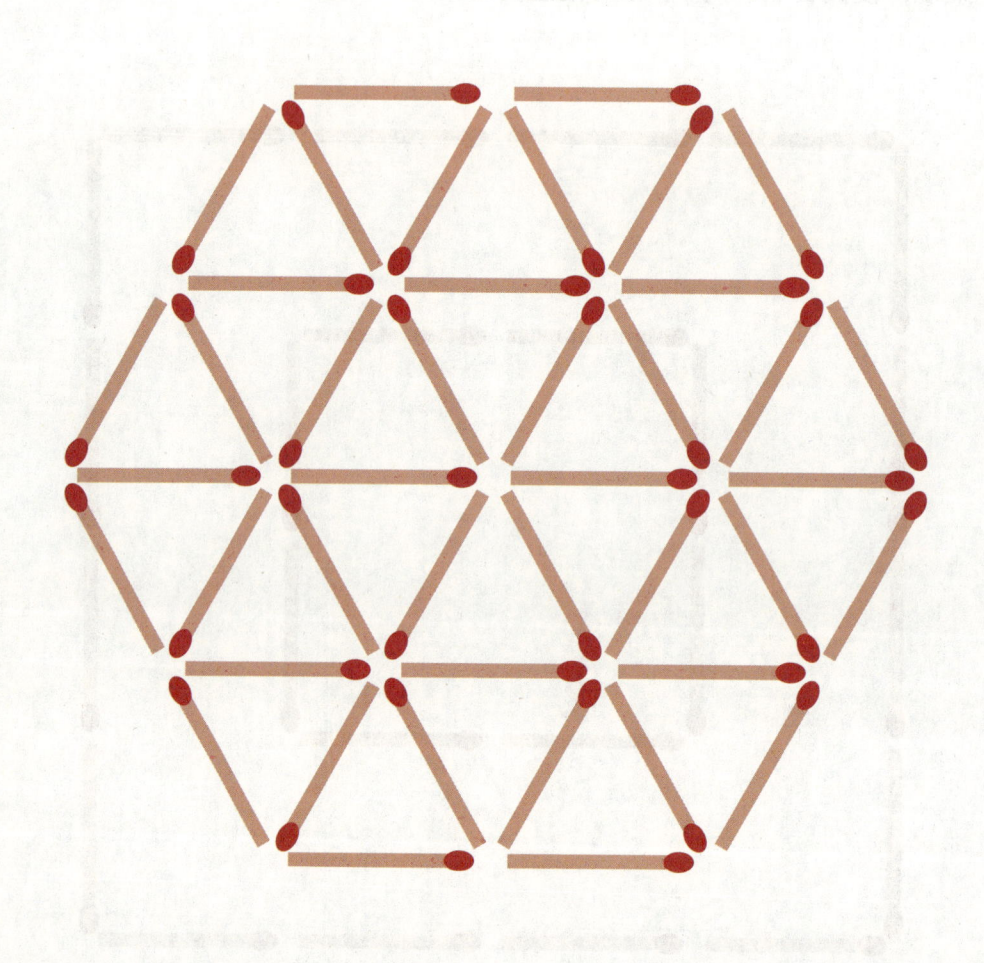

53 杯子变成房子

下图是2个杯子的图形。请移动6根火柴棍，使其变成一座房子。

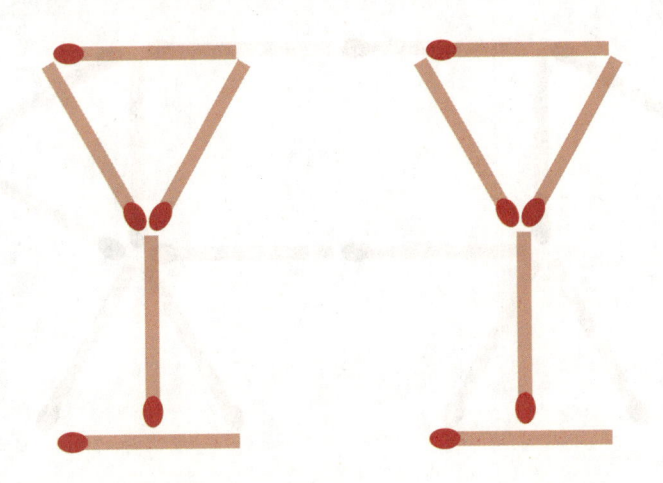

54 搭建三角形

3根火柴棍能搭建1个三角形。你能用18根火柴棍搭建13个大小不等的三角形吗？

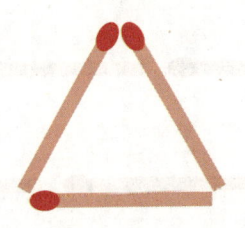

55 可爱的小猪

下图是火柴棍拼成的小猪,头朝右边。请移动1根火柴棍,使它的头朝左边。

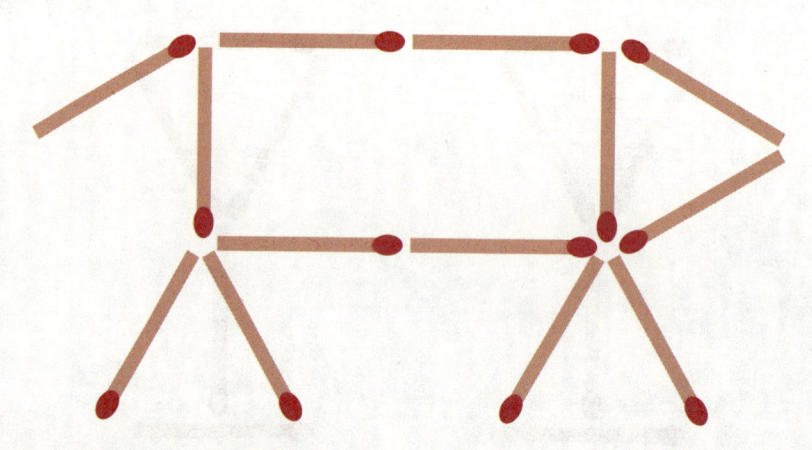

56 金字塔

下图是由6根火柴棍组成的金字塔。请移动2根火柴棍,使金字塔的头颠倒过来。

第一章 • 图形变化

57 变化的铅笔

下图是由18根火柴棍拼成的铅笔。请移动6根火柴棍，使其变成包含3个大小相等的正方形和4个大小相等的三角形的图形。

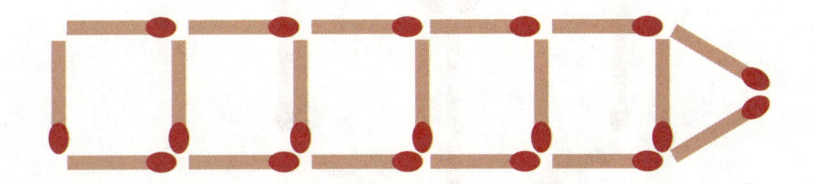

58 热水瓶变方形

下图是由11根火柴棍组成的旧式的热水瓶。请移动2根火柴棍，使其变成一个由3个大小相等的正方形和5个大小不等的长方形组成的图形。

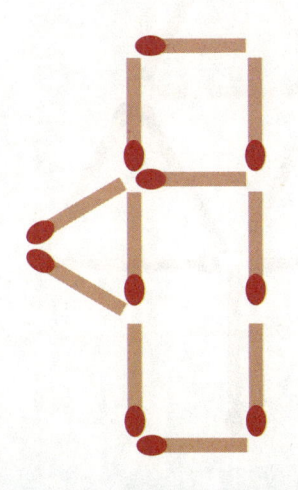

59 把书倒过来

　　下图是由7根火柴棍组成的一本打开了的书。请移动3根火柴棍，把书倒过来。

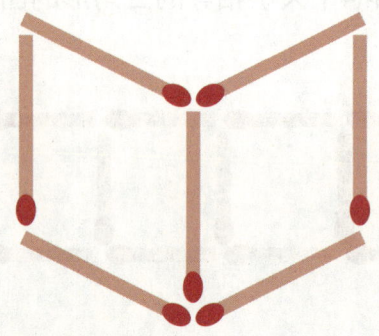

60 倒转雨伞

　　下图是由10根火柴棍组成的一把雨伞。请移动5根火柴棍，把雨伞倒转。

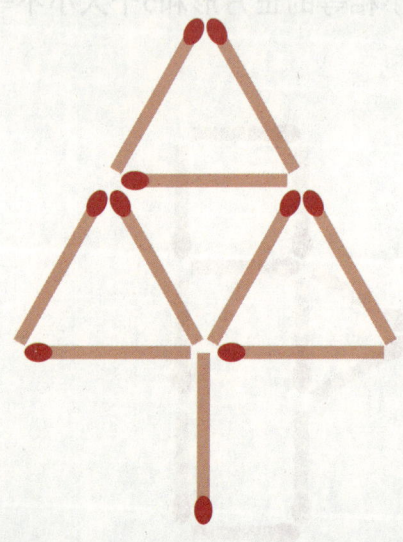

第二章
算式摆拼

1 多种排列

请移动1根火柴棍，使下面的不等式成立。列出三种方法即可。

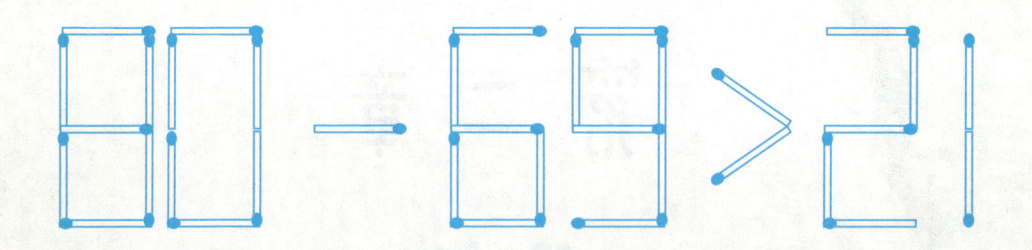

$$80 - 69 > 21$$

2 有趣的罗马数字

请根据罗马数字的规律，移动1根火柴棍，使下面的等式成立。

① V + I − III = I + IV
　(5)　(1)　(3)　(1)　(4)

② V + VIII = XI
　(5)　　(8)　　(11)

3 移动1根火柴棍（一）

请移动1根火柴棍，使下面的等式成立。

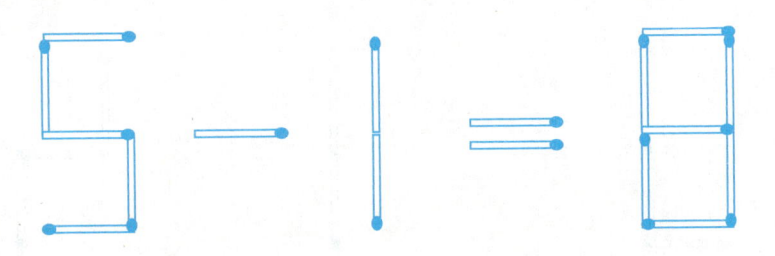

5 - 1 = 8

4 移动1根火柴棍（二）

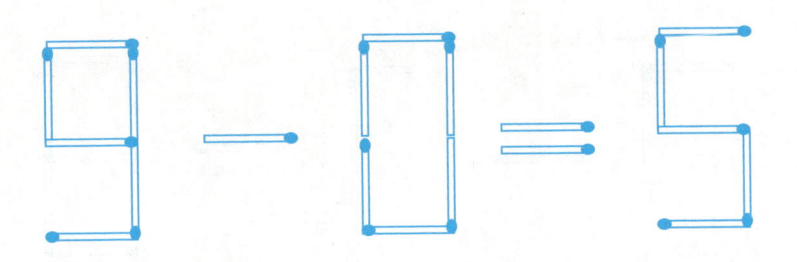

请移动1根火柴棍，使下面的等式成立。

9 - 0 = 5

5 移动1根火柴棍（三）

请移动1根火柴棍，使下面的等式成立。

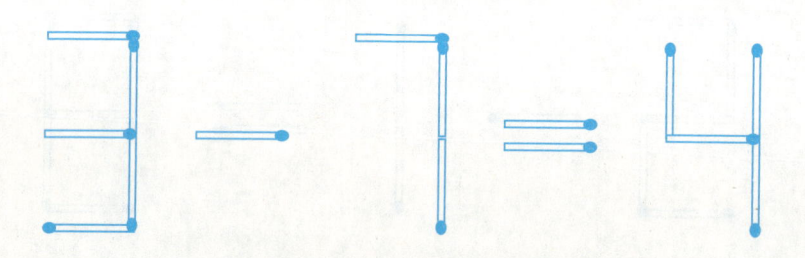

$$3-7=4$$

6 移动1根火柴棍（四）

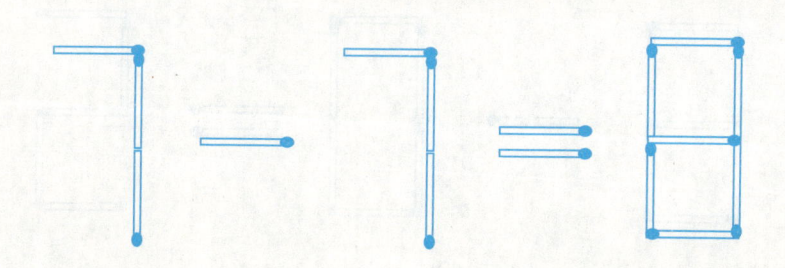

请移动1根火柴棍，使下面的等式成立。

$$7-7=8$$

7 移动1根火柴棍（五）

请移动1根火柴棍，使下面的等式成立。

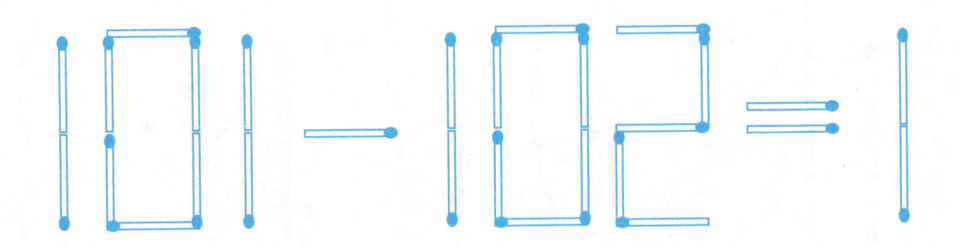

101-102=1

8 移动1根火柴棍（六）

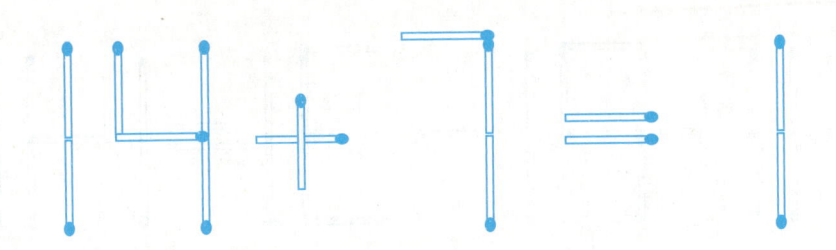

请移动1根火柴棍，使下面的等式成立。

14+7=1

9 移动1根火柴棍（七）

请移动1根火柴棍，使下面的等式成立。

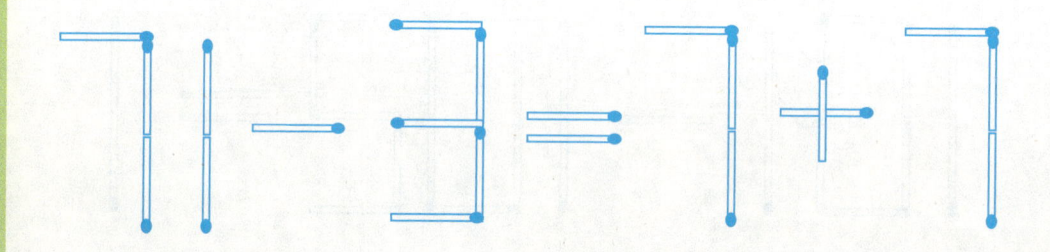

71-3=7+7

10 移动1根火柴棍（八）

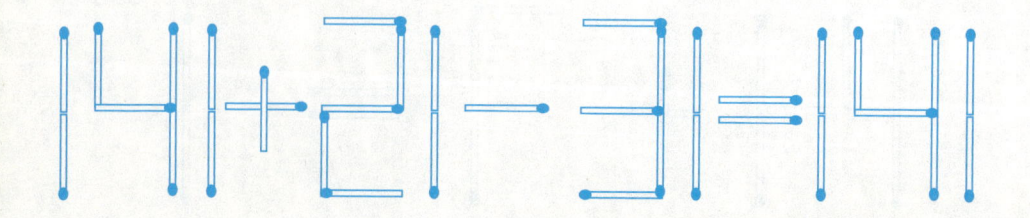

请移动1根火柴棍，使下面的等式成立。

141+21-31=141

11 移动1根火柴棍（九）

请移动1根火柴棍，使下面的等式成立。

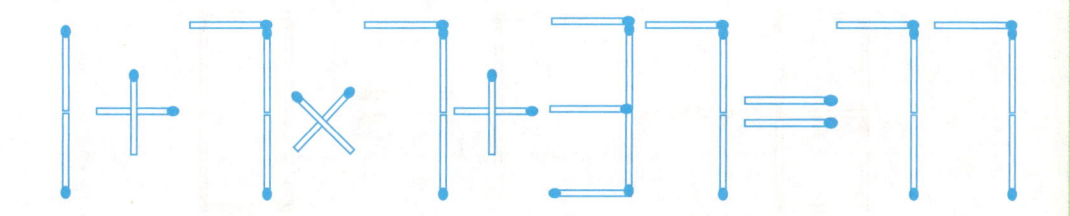

$$1 + 7 \times 7 + 37 = 77$$

12 移动1根火柴棍（十）

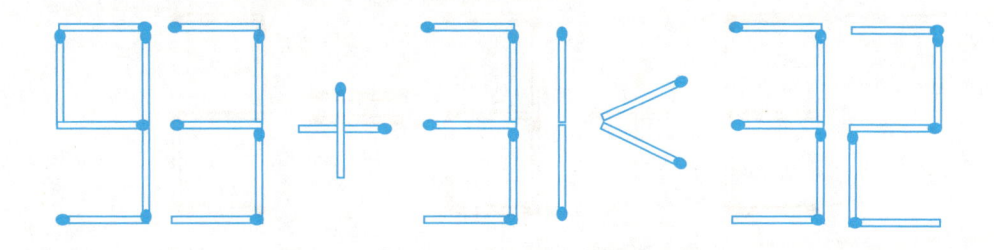

请移动1根火柴棍，使下面的不等式成立。

$$93 + 31 < 32$$

13 移动2根火柴棍（一）

请移动2根火柴棍，使下面的等式成立。

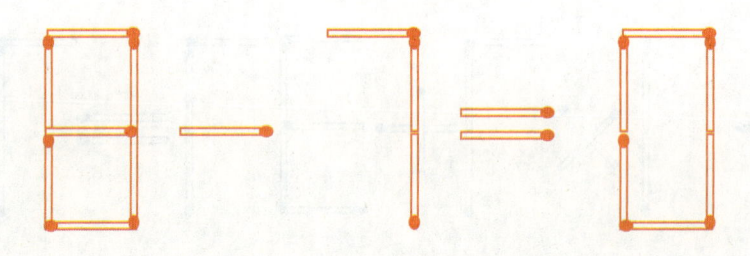

$$8-7=0$$

14 移动2根火柴棍（二）

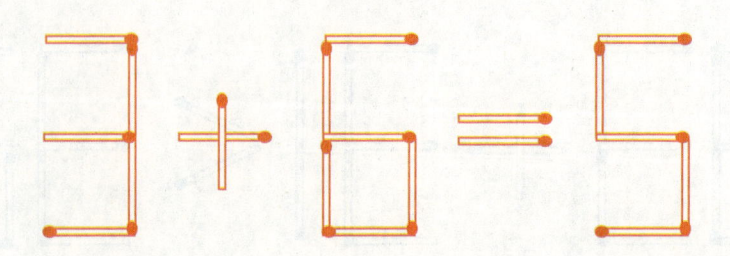

请移动2根火柴棍，使下面的等式成立。

$$3+6=5$$

15 移动2根火柴棍（三）

请移动2根火柴棍，使下面的等式成立。

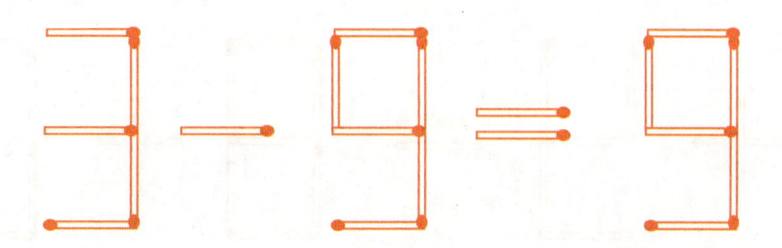

3-9=9

16 移动2根火柴棍（四）

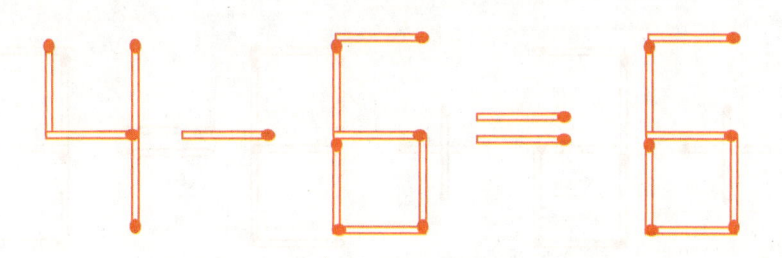

请移动2根火柴棍，使下面的等式成立。

4-6=6

17 移动2根火柴棍（五）

请移动2根火柴棍，使下面的等式成立。

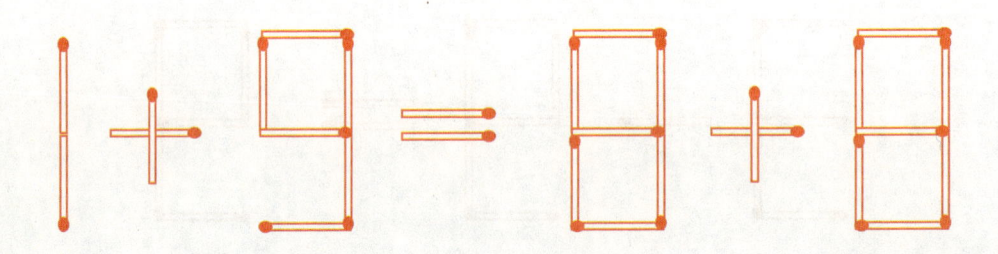

1 + 9 = 8 + 8

18 移动2根火柴棍（六）

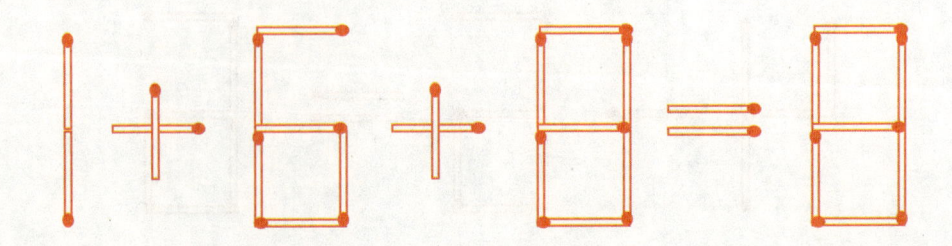

请移动2根火柴棍，使下面的等式成立。

1 + 6 + 8 = 8

19 移动2根火柴棍（七）

请移动2根火柴棍，使下面的等式成立。

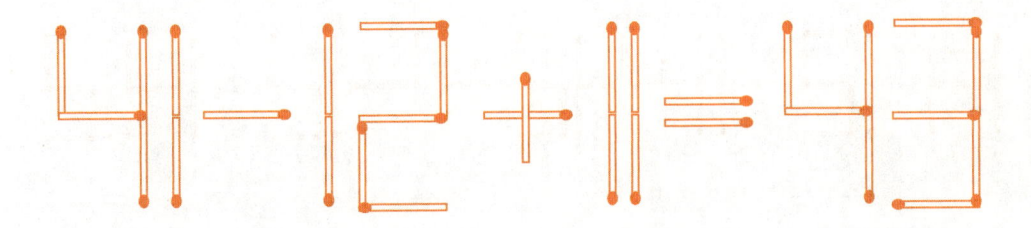

41-12+11=43

20 移动2根火柴棍（八）

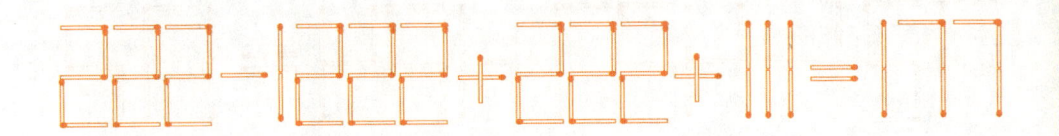

请移动2根火柴棍，使下面的等式成立。

222-1222+222+111=177

21 移动2根火柴棍（九）

请移动2根火柴棍，使下面的等式成立。

$$1472-11+42+11-12=1412$$

22 移动2根火柴棍（十）

请移动2根火柴棍，使下面的等式成立。

$$721+427+124=172$$

23 改正错题（一）

请移动1根火柴棍，纠正下面错误的算式。

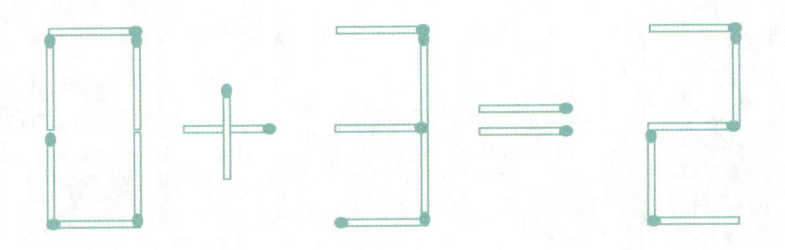

0 + 3 = 2

24 改正错题（二）

请添加1根火柴棍，纠正下面错误的算式。

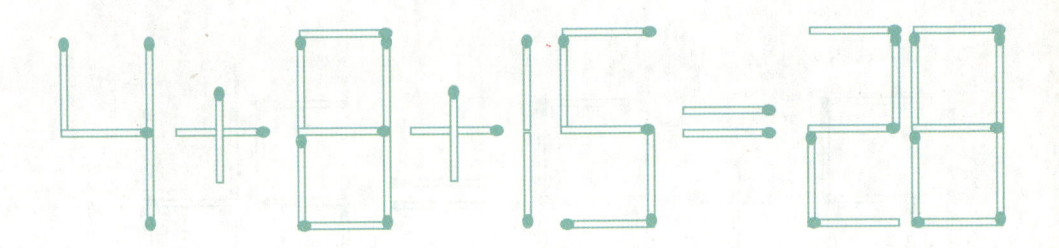

4 + 8 + 15 = 28

25 改正错题（三）

请添加1根火柴棍，纠正下面错误的算式。

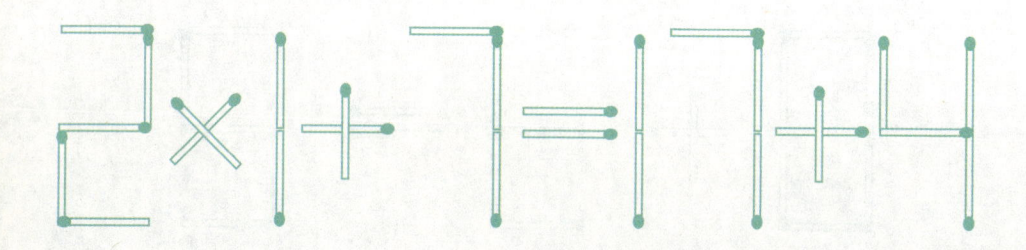

$$2 \times 1 + 7 = 17 + 4$$

26 改正错题（四）

请添加2根火柴棍，纠正下面错误的算式。

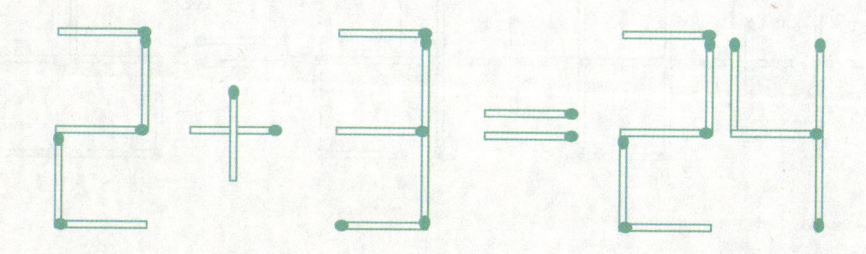

$$2 + 3 = 24$$

27　改正错题（五）

请去掉1根火柴棍，纠正下面错误的算式。

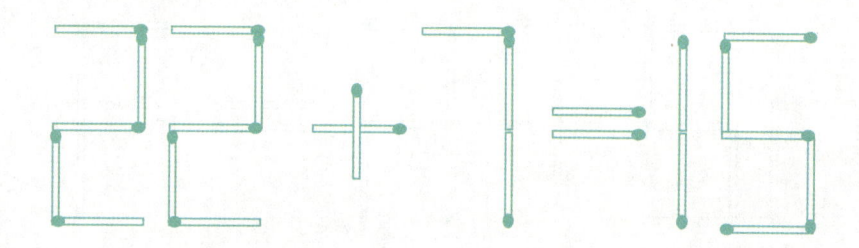

$$22+7=15$$

28　改正错题（六）

请移动2根火柴棍，纠正下面错误的算式。

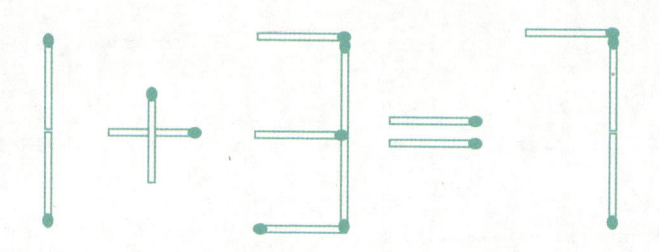

$$1+3=7$$

29 改正错题（七）

请去掉2根火柴棍，纠正下面错误的算式。

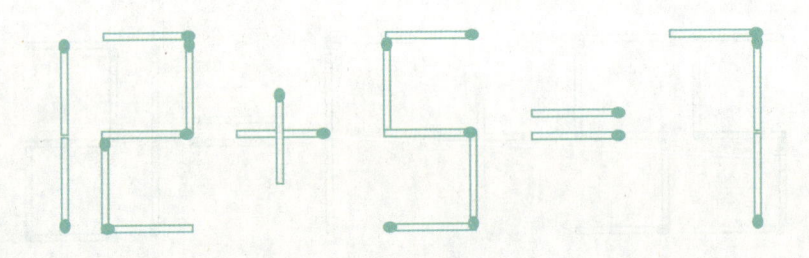

12+5=7

30 改正错题（八）

请移动1根火柴棍，纠正下面错误的算式。

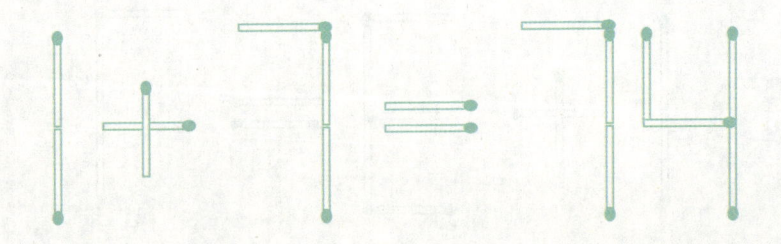

1+7=74

31 改正错题（九）

请添加2根火柴棍，纠正下面错误的算式。

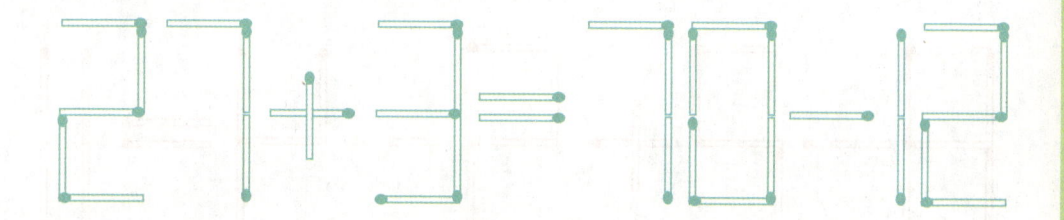

$$27+3=70-12$$

32 改正错题（十）

请添加1根火柴棍，纠正下面错误的算式。

$$2\times4-4+12=24$$

33 变为正确算式（一）

请添加1根火柴棍，使下面的火柴棍组成正确的算式。

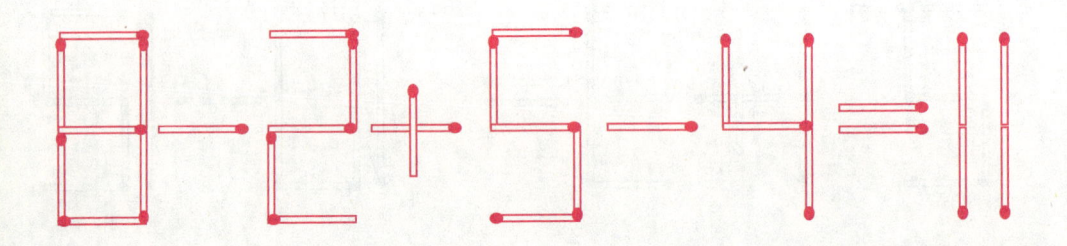

8-2+5-4=11

34 变为正确算式（二）

请去掉1根火柴棍，使下面的火柴棍组成正确的算式。

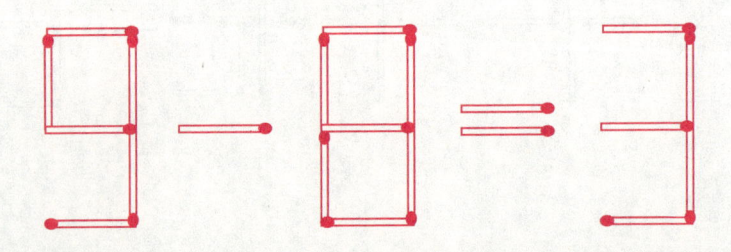

9-8=3

35 变为正确算式（三）

请添加2根火柴棍，使下面的火柴棍组成正确的算式。

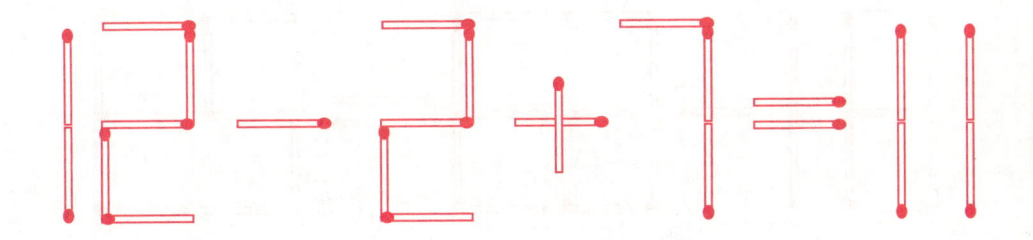

$$12-2+7=11$$

36 变为正确算式（四）

请移动1根火柴棍，使下面的火柴棍组成正确的算式。

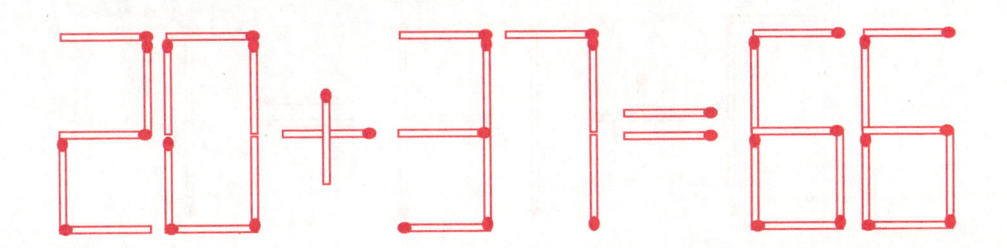

$$20+37=66$$

37 变为正确算式（五）

请移动1根火柴棍，使下面的火柴棍组成正确的算式。

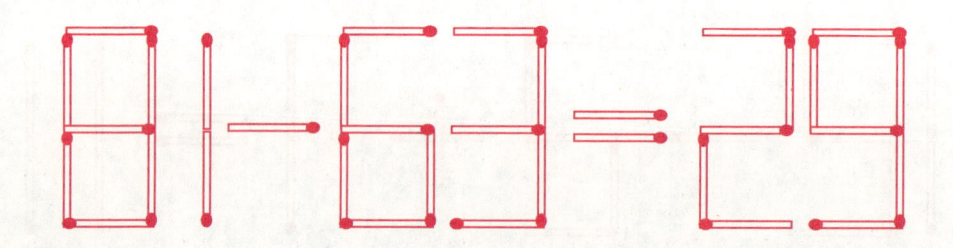

$$81-63=29$$

38 变为正确算式（六）

请移动2根火柴棍，使下面的火柴棍组成正确的算式。

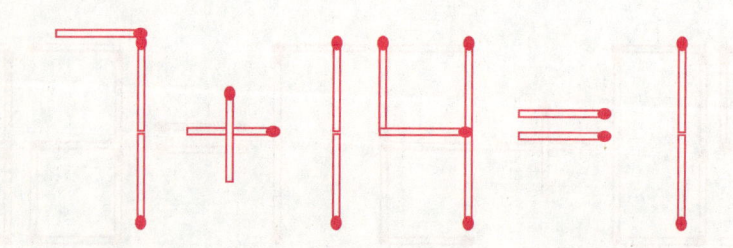

$$7+14=1$$

39 算式变等式（一）

请移动2根火柴，使下列算式变成等式。

$$16+32-28=29$$

40 算式变等式（二）

请移动1根火柴，使下列算式变成等式。

$$447\times 2-722+2=174$$

41 算式变等式（三）

请移动1根火柴，使下列算式变成等式。

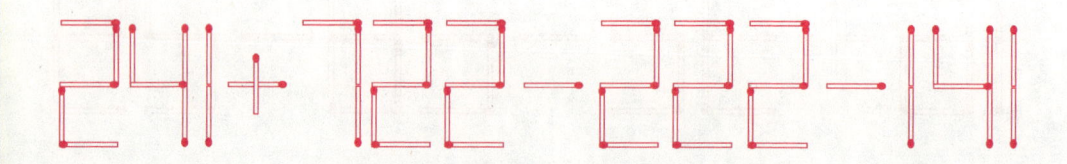

$$241 + 722 - 222 - 141$$

42 算式变等式（四）

请移动2根火柴，使下列算式变成等式。

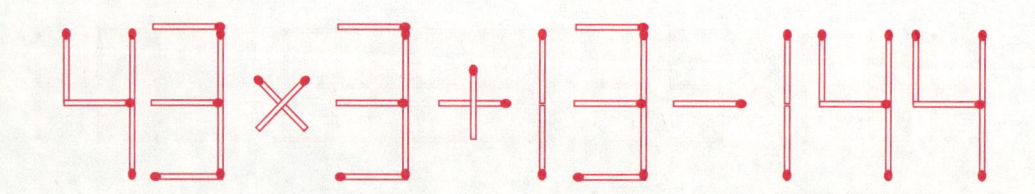

$$43 \times 3 + 13 - 144$$

43 罗马算式（一）

下面是由火柴棍拼成的罗马算式。请移动1根火柴棍，使其变成正确的算式。

VI + V = IX

44 罗马算式（二）

下面是由火柴棍拼成的罗马算式。请去掉1根火柴棍，使其变成正确的算式。

XI + I = X

45 使等式成立（一）

请移动1根火柴棍，使下列算式变成等式。

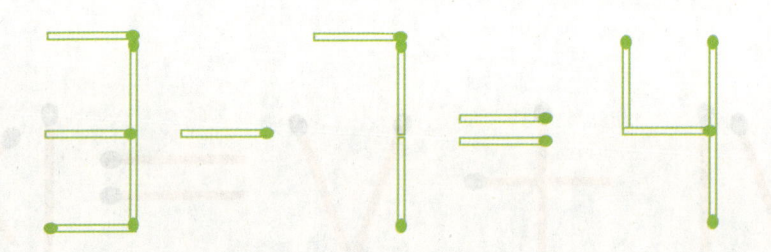

3 - 7 = 4

46 使等式成立（二）

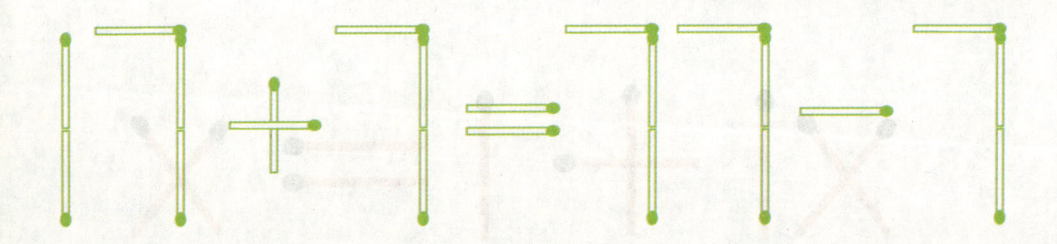

请移动1根火柴棍，使下列算式变成等式。

17 + 7 = 77 - 7

47 使等式成立（三）

请移动1根火柴棍，使下列算式变成等式。

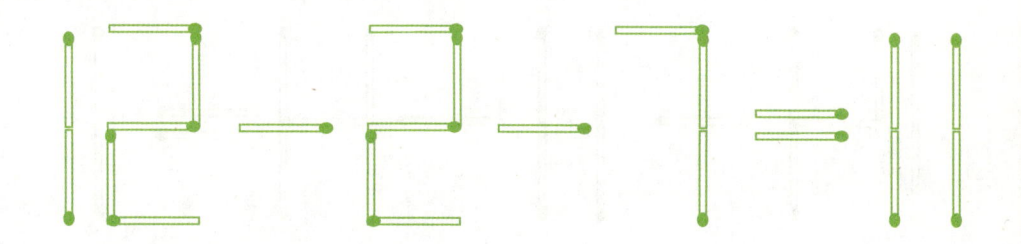

$$12-2-7=11$$

48 使等式成立（四）

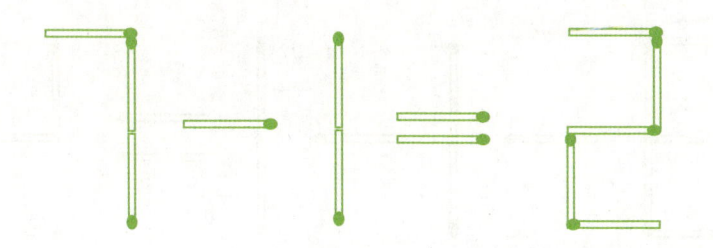

请移动1根火柴棍，使下列算式变成等式。

$$7-1=2$$

49 使等式成立（五）

请移动2根火柴棍，使下列算式变成等式。

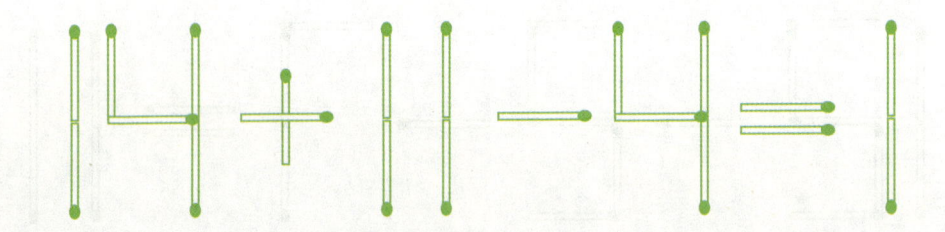

$$14+11-4=1$$

50 使等式成立（六）

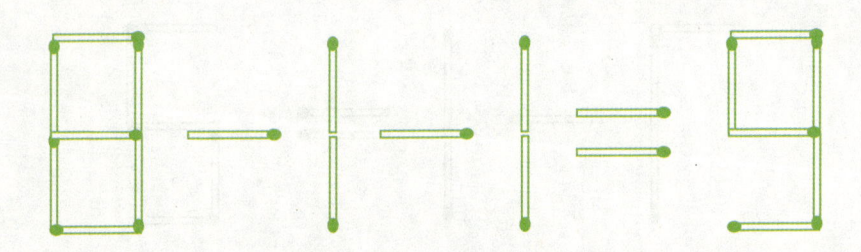

请移动1根火柴棍，使下列算式变成等式。

$$8-1-1=9$$

51 使等式成立（七）

请移动1根火柴棍，使下列算式变成等式。

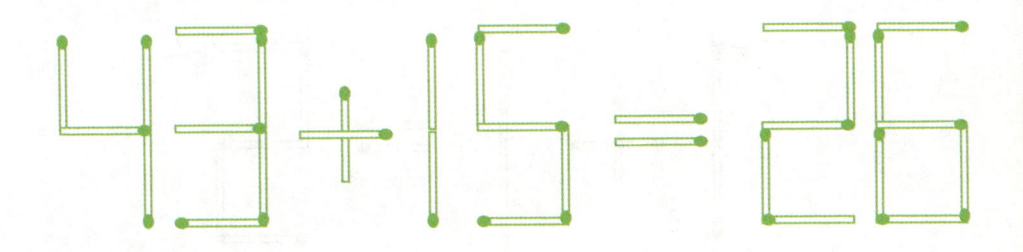

43+15=26

52 使等式成立（八）

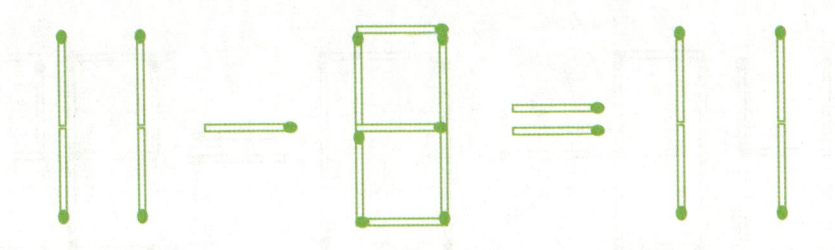

请移动1根火柴棍，使下列算式变成等式。

11-8=11

53 使等式成立（九）

请移动1根火柴棍，使下列算式变成等式。

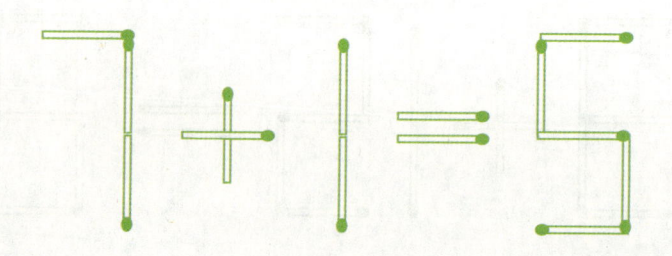

7+1=5

54 使等式成立（十）

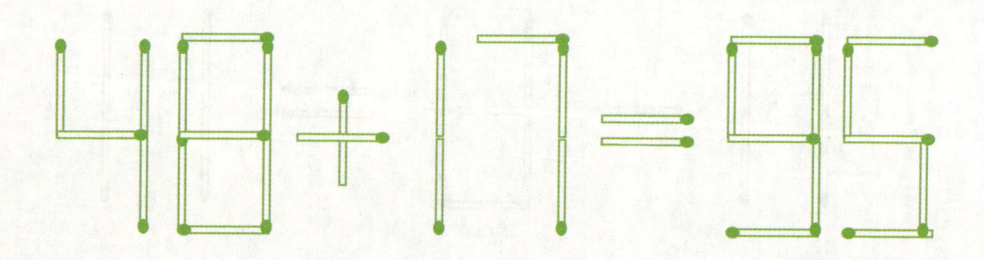

请移动1根火柴棍，使下列算式变成等式。

48+17=95

55 使等式成立（十一）

请移动1根火柴棍，使下列算式变成等式。

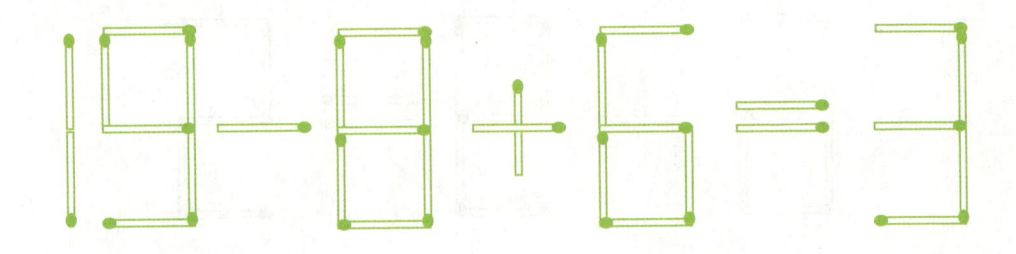

19-8+6=3

56 使等式成立（十二）

请移动1根火柴棍，使下列算式变成等式。

7-4=5

061

57 使等式成立（十三）

请移动2根火柴棍，使下列算式变成等式。

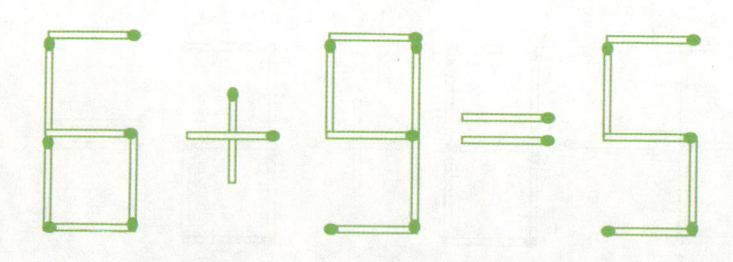

$$6+9=5$$

58 使等式成立（十四）

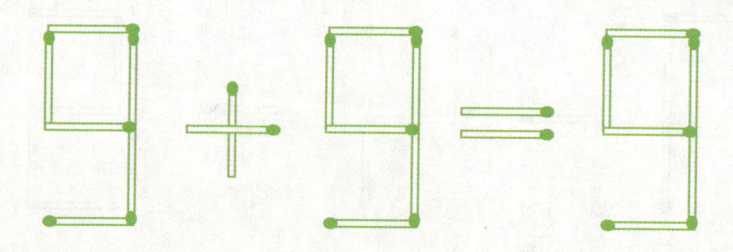

请移动1根火柴棍，使下列算式变成等式。

$$9+9=9$$

59 使等式成立（十五）

请移动1根火柴棍，使下列算式变成等式。

151÷5=158……1

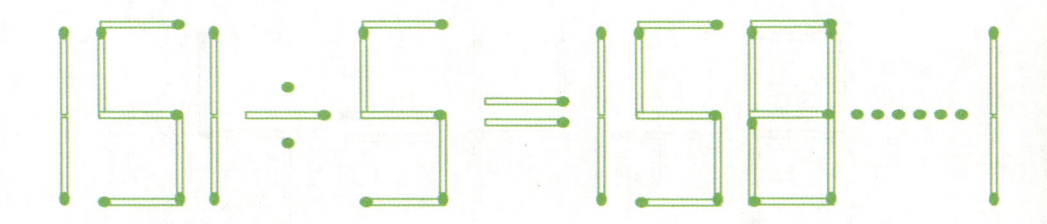

60 使等式成立（十六）

请移动1根火柴棍，使下列算式变成等式。

93+18-30+27=58

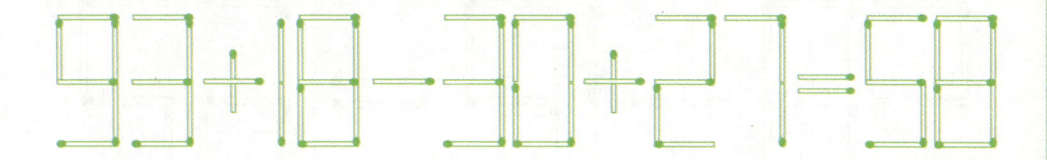

61 使等式成立（十七）

请移动1根火柴棍，使下列算式变成等式。

$$5+4=2$$

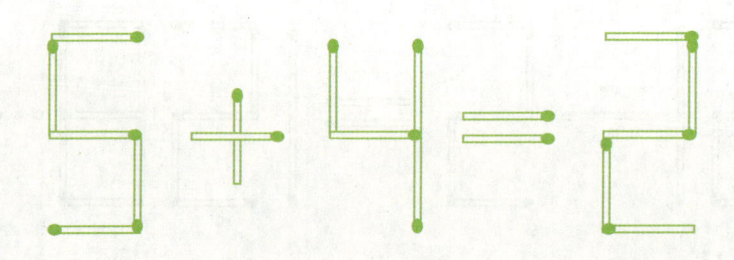

62 使等式成立（十八）

请移动1根火柴棍，使下列算式变成等式。

$$60-12=62$$

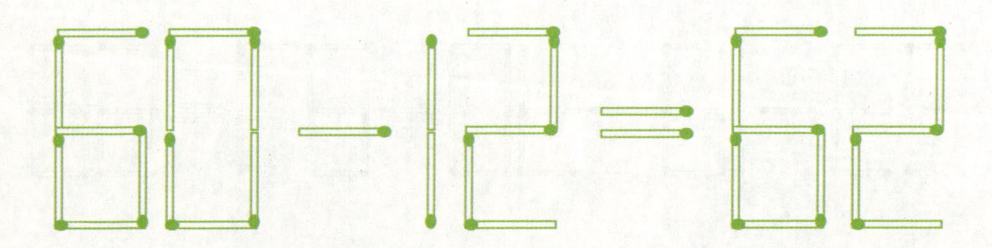

63 使等式成立（十九）

请移动1根火柴棍，使下列算式变成等式。

$$50-40=80$$

64 三选一（一）

请添加、去掉或者移动1根火柴棍，使下面的等式成立。

$$129×15+10=2010$$

65 三选一（二）

请添加、去掉或者移动1根火柴棍，使下面的等式成立。

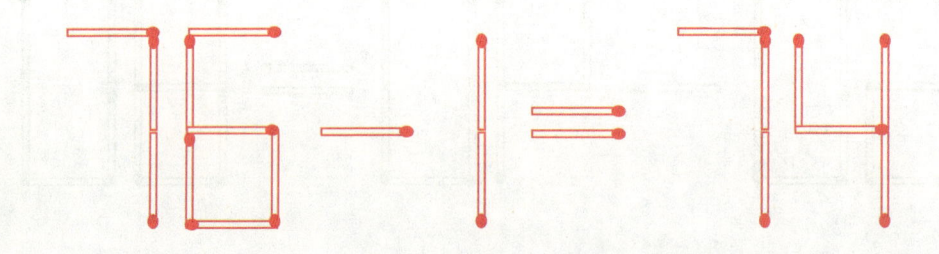

$$76-1=74$$

66 三选一（三）

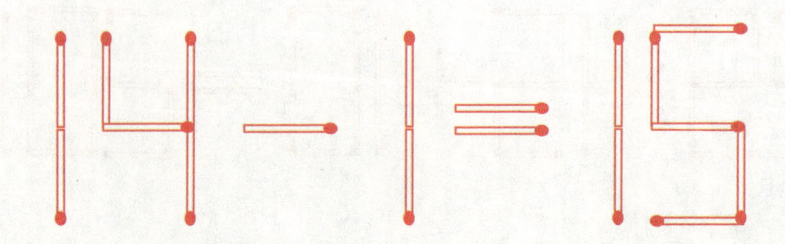

请添加、去掉或者移动1根火柴棍，使下面的等式成立。

$$14-1=15$$

67 三选一（四）

请添加、去掉或者移动1根火柴棍，使下面的等式成立。

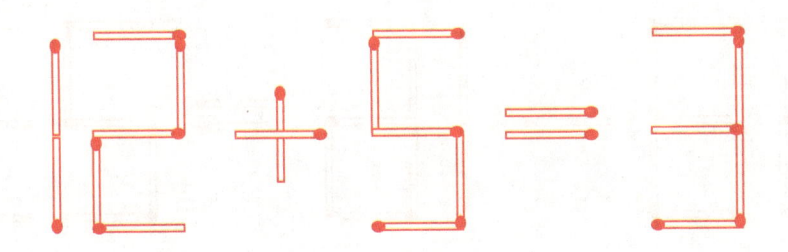

$$12 + 5 = 3$$

68 三选一（五）

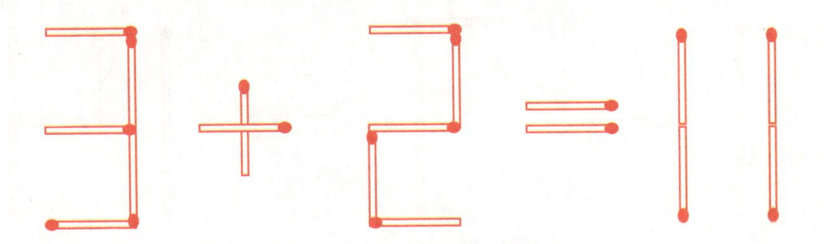

请添加、去掉或者移动1根火柴棍，使下面的等式成立。

$$3 + 2 = 11$$

69 三选一（六）

请添加、去掉或者移动1根火柴棍，使下面的等式成立。

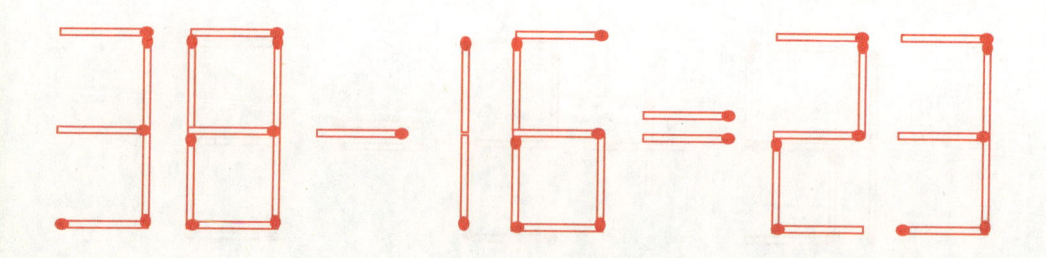

$$38-16=23$$

70 三选一（七）

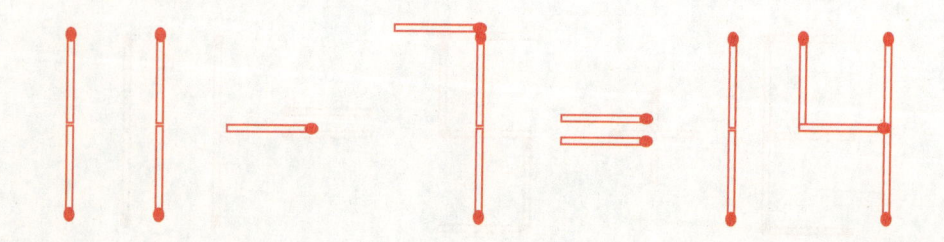

请添加、去掉或者移动2根火柴棍，使下面的等式成立。

$$11-7=14$$

71 三选一（八）

请添加、去掉或者移动1根火柴棍，使下面的等式成立。

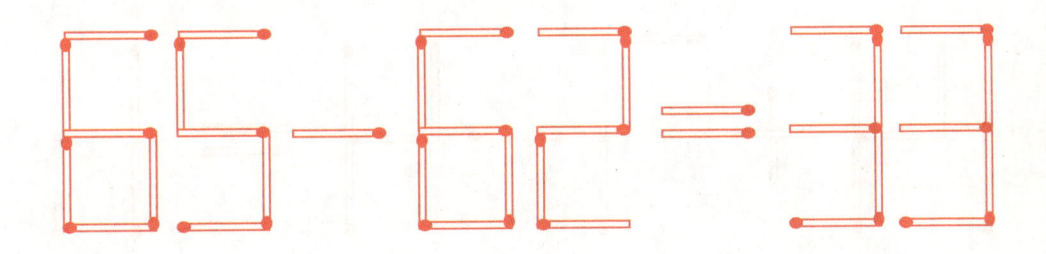

65-62=33

72 三选一（九）

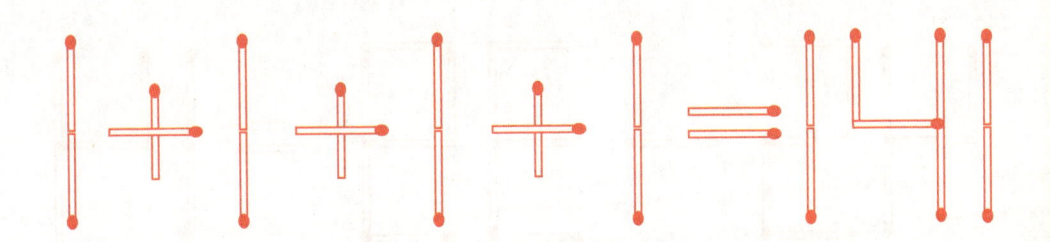

请添加、去掉或者移动2根火柴棍，使下面的等式成立。

1+1+1+1=141

069

73 三选一（十）

请添加、去掉或者移动1根火柴棍，使下面的等式成立。

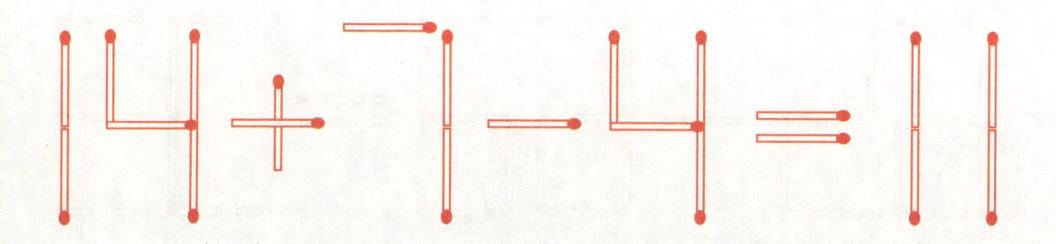

$$14+7-4=11$$

74 三选一（十一）

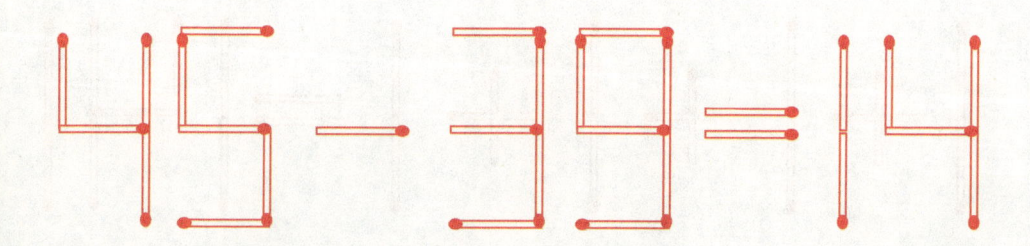

请添加、去掉或者移动1根火柴棍，使下面的等式成立。

$$45-39=14$$

75 三选一（十二）

请添加、去掉或者移动2根火柴棍，使下面的等式成立。

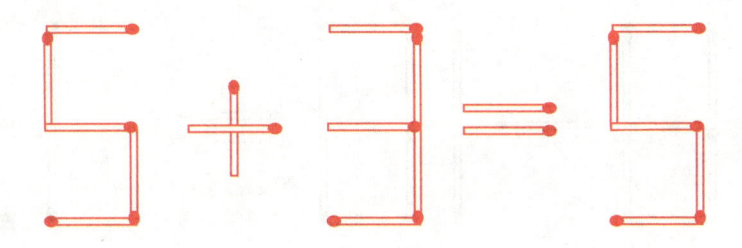

5 + 3 = 5

76 三选一（十三）

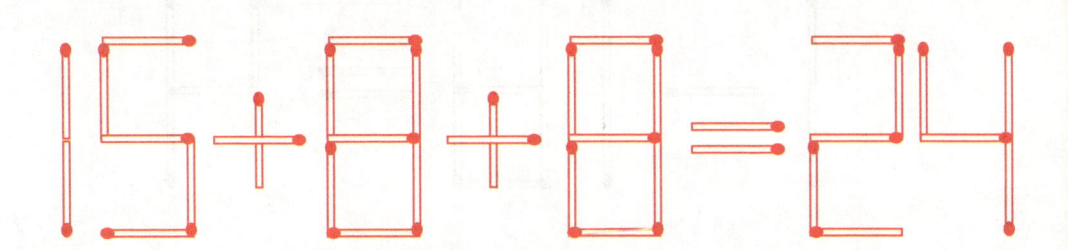

请添加、去掉或者移动2根火柴棍，使下面的等式成立。

15 + 8 + 8 = 24

77 移动3根火柴棍（一）

请移动3根火柴棍，使下面的等式成立。

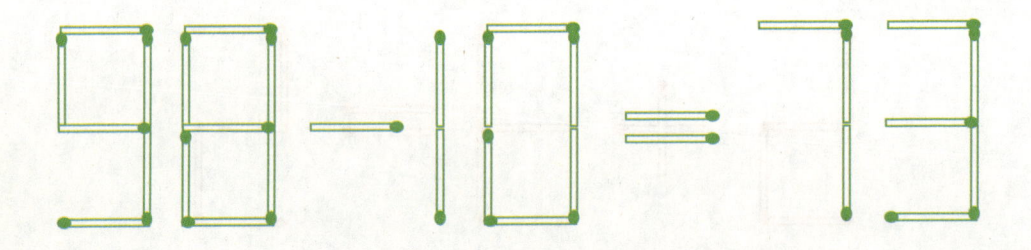

$$98-10=73$$

78 移动3根火柴棍（二）

请移动3根火柴棍，使下面的等式成立。

$$7-18=4$$

79 移动3根火柴棍（三）

请移动3根火柴棍，使下面的等式成立。

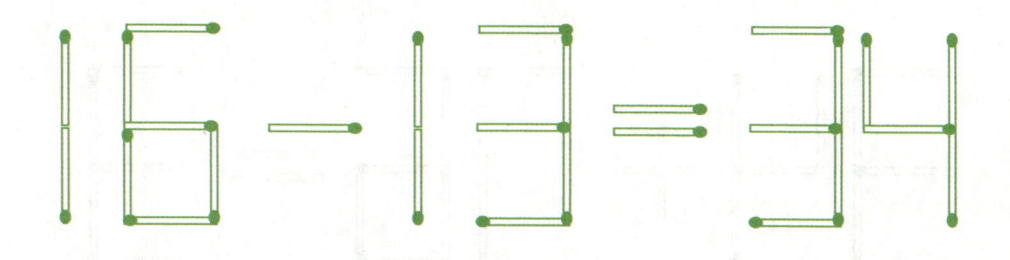

16-13=34

80 移动3根火柴棍（四）

请移动3根火柴棍，使下面的等式成立。

22-39=33

81 移动3根火柴棍（五）

请移动3根火柴棍，使下面的等式成立。

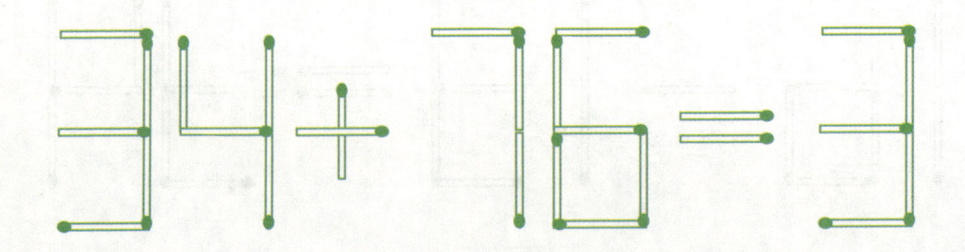

34 + 76 = 3

82 移动3根火柴棍（六）

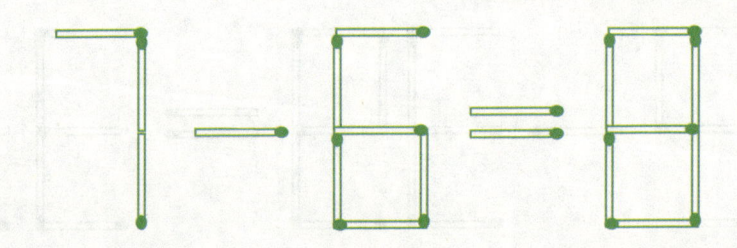

请移动3根火柴棍，使下面的等式成立。

7 - 6 = 8

83 移动3根火柴棍（七）

请移动3根火柴棍，使下面的等式成立。

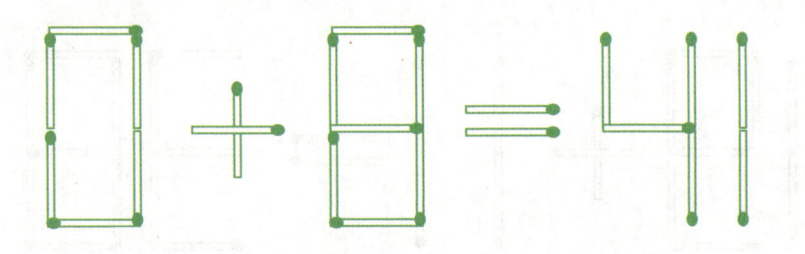

$$0+8=41$$

84 移动3根火柴棍（八）

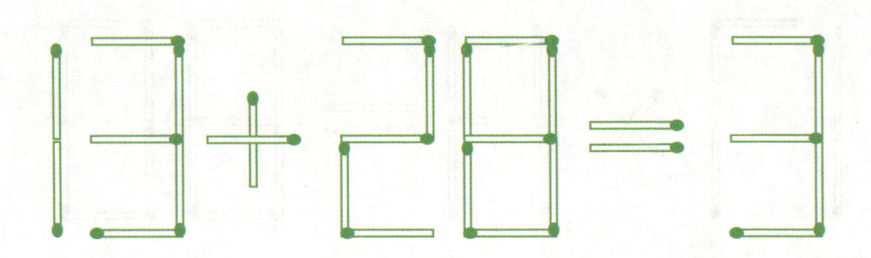

请移动3根火柴棍，使下面的等式成立。

$$13+28=3$$

85 移动3根火柴棍（九）

请移动3根火柴棍，使下面的等式成立。

19+11=38

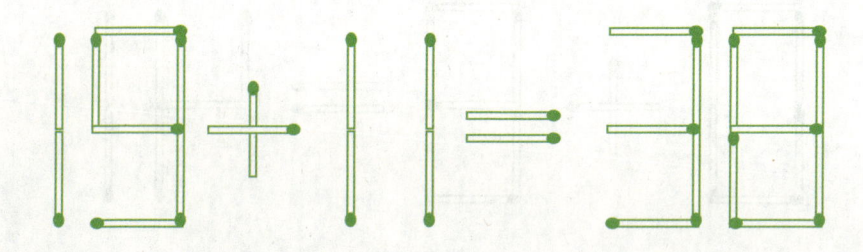

86 移动3根火柴棍（十）

请移动3根火柴棍，使下面的等式成立。

17×4=80

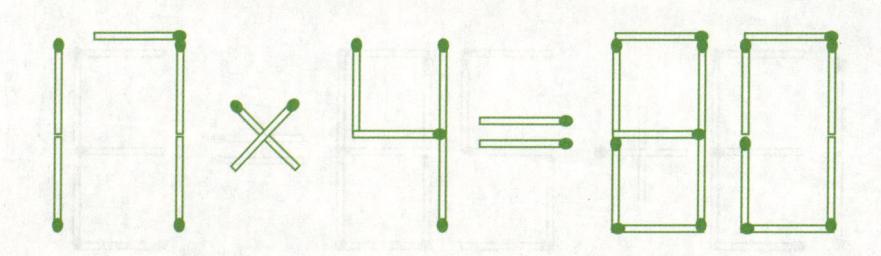

87 移动3根火柴棍（十一）

请移动3根火柴棍，使下面的等式成立。

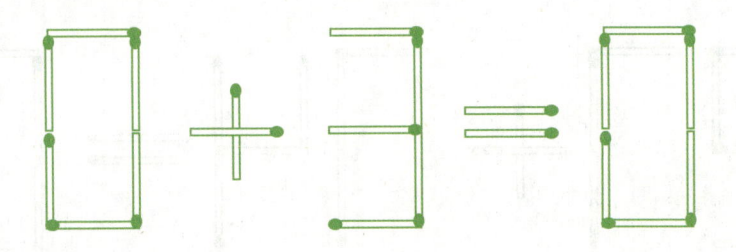

0 + 3 = 0

88 移动3根火柴棍（十二）

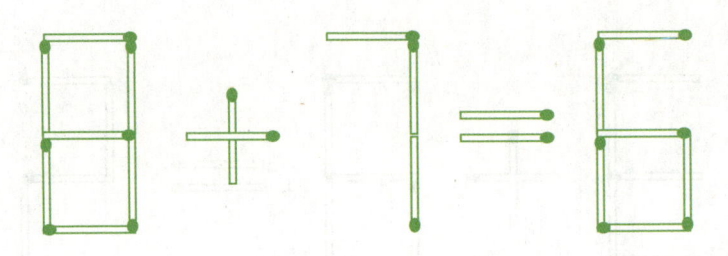

请移动3根火柴棍，使下面的等式成立。

8 + 7 = 6

89 移动3根火柴棍（十三）

请移动3根火柴棍，使下面的等式成立。

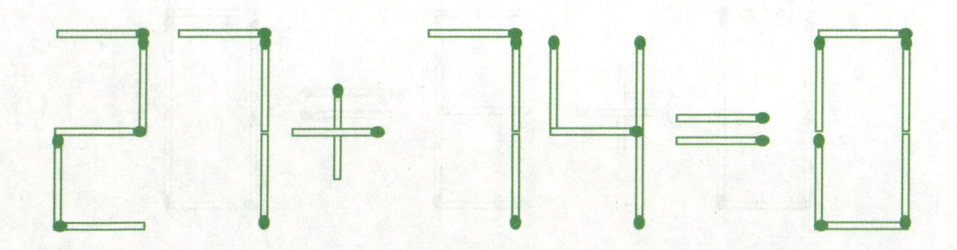

27 + 74 = 0

90 移动3根火柴棍（十四）

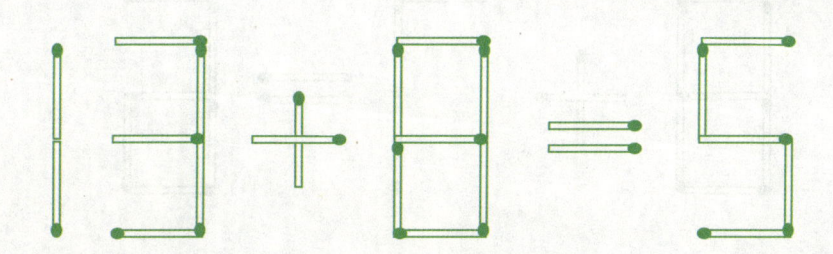

请移动3根火柴棍，使下面的等式成立。

13 + 8 = 5

91 移动3根火柴棍（十五）

请移动3根火柴棍，使下面的等式成立。

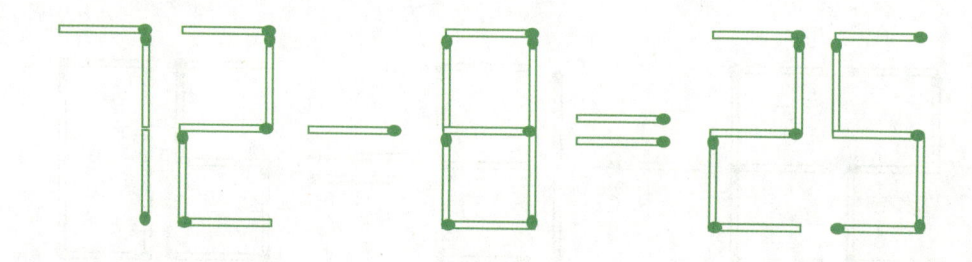

$$72 - 8 = 25$$

92 移动3根火柴棍（十六）

请移动3根火柴棍，使下面的等式成立。

$$7 - 89 = 8$$

93 移动3根火柴棍（十七）

请移动3根火柴棍，使下面的等式成立。

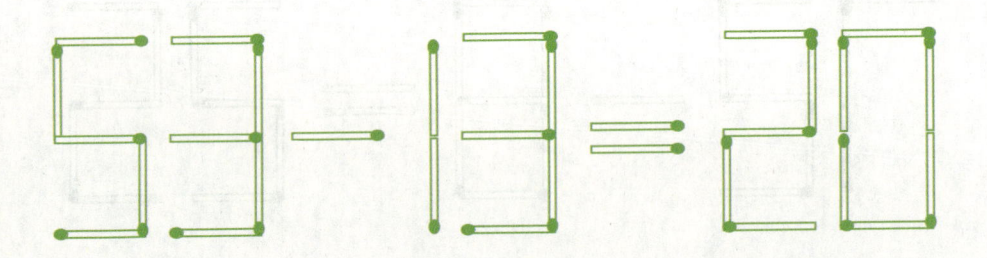

$$53 - 13 = 20$$

94 移动3根火柴棍（十八）

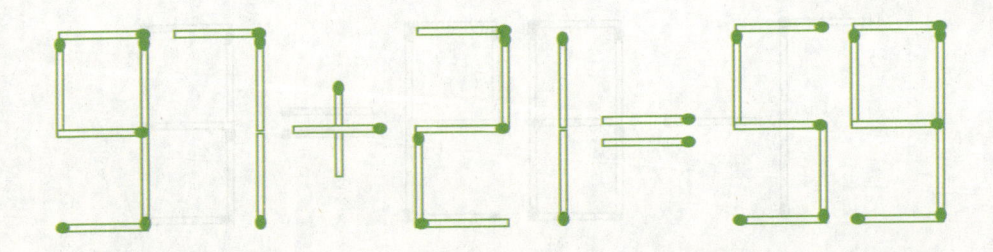

请移动3根火柴棍，使下面的等式成立。

$$91 + 21 = 59$$

95 等式变等式（一）

下面是一个正确的等式。请移动1根火柴棍，使这个等式变成另一个等式。

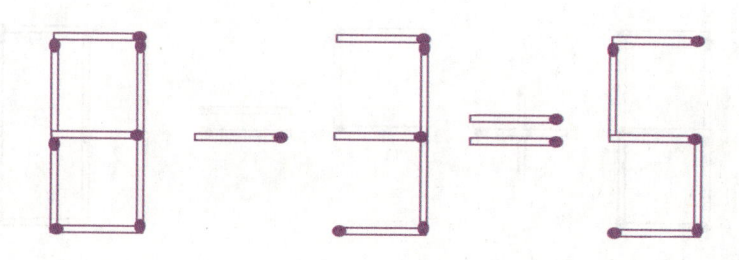

$$8-3=5$$

96 等式变等式（二）

下面是一个正确的等式。请移动3根火柴棍，使这个等式变成另一个等式。

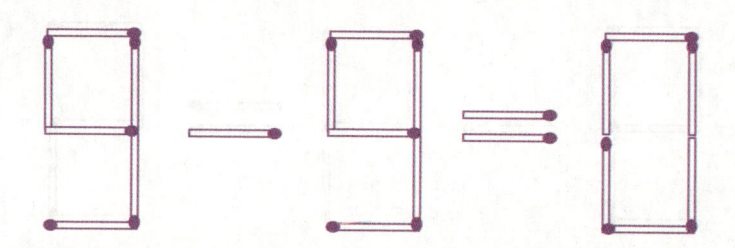

$$9-9=0$$

97 等式变等式（三）

下面是一个正确的等式。请去掉5根火柴棍，使这个等式变成另一个等式。

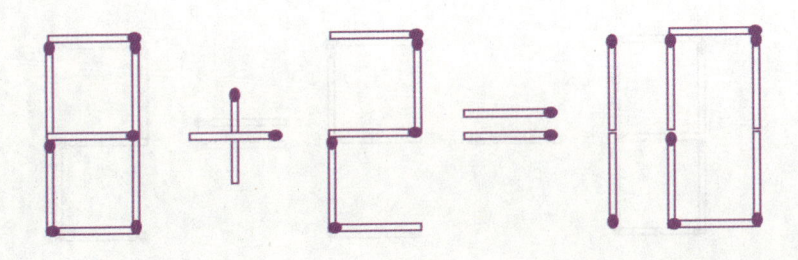

$$8+2=10$$

98 等式变等式（四）

下面是一个正确的等式。请移动2根火柴棍再去掉2根，使这个等式变成另一个等式。

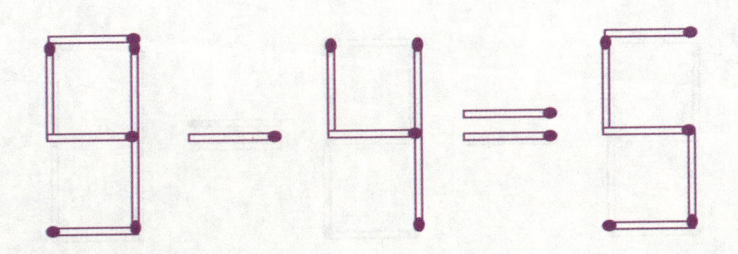

$$9-4=5$$

99 等式变等式（五）

下面是一个正确的等式。请移动1根火柴棍再去掉2根，使这个等式变成另一个等式。

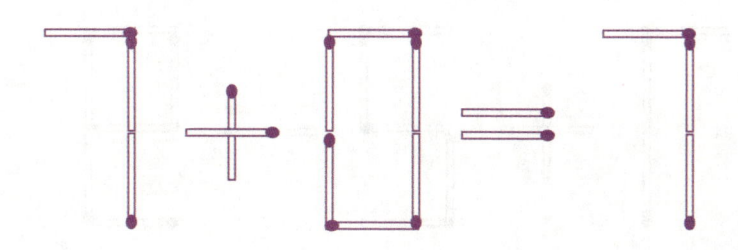

$$7+0=7$$

100 等式变等式（六）

下面是一个正确的等式。请移动1根火柴棍再添加1根，使这个等式变成另一个等式。

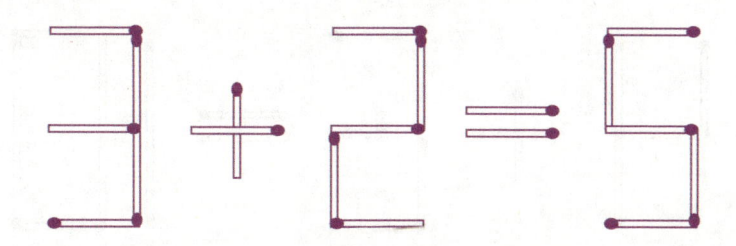

$$3+2=5$$

083

101 等式变等式（七）

下面是一个正确的等式。请去掉2根火柴棍，使这个等式变成另一个等式。

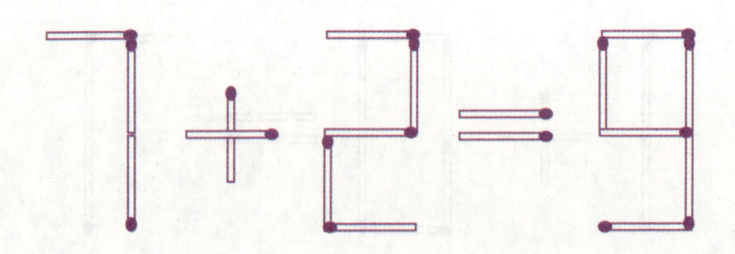

$$7+2=9$$

102 等式变等式（八）

下面是一个正确的等式。请移动2根火柴棍，使这个等式变成另一个等式。

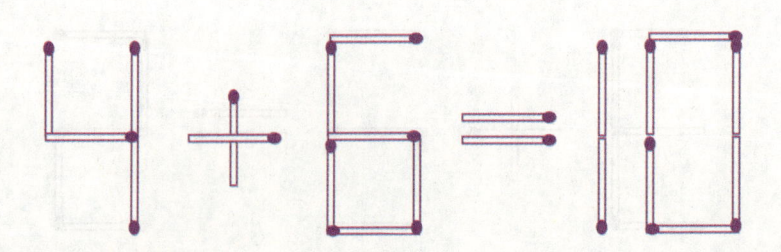

$$4+6=10$$

103 等式变等式（九）

下面是一个正确的等式。请添加2根火柴棍再移动1根，使这个等式变成另一个等式。

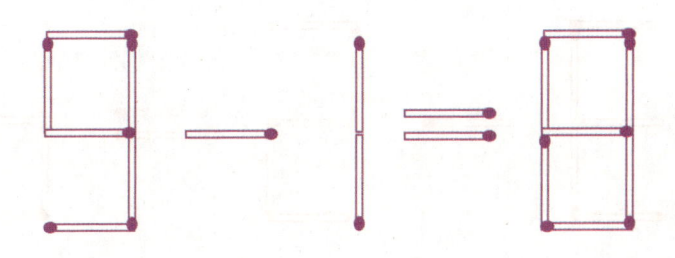

9−1=8

104 等式变等式（十）

下面是一个正确的等式。请移动2根火柴棍再添加1根，使这个等式变成另一个等式。

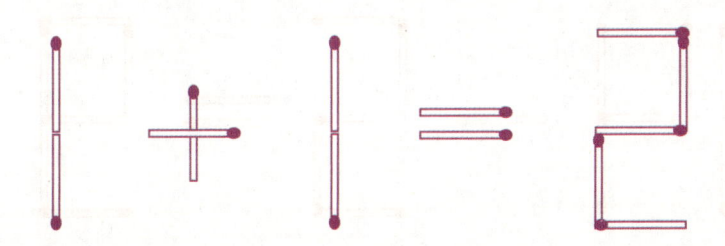

1+1=2

105 等式变等式（十一）

下面是一个正确的等式。请移动2根火柴棍，使这个等式变成另一个等式。

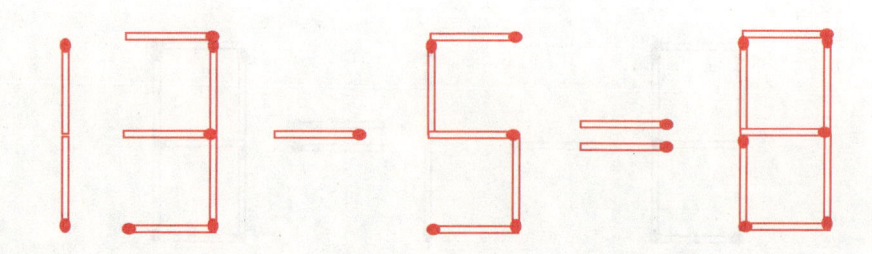

$$13-5=8$$

106 等式变等式（十二）

下面是一个正确的等式。请移动3根火柴棍，使这个等式变成另一个等式。

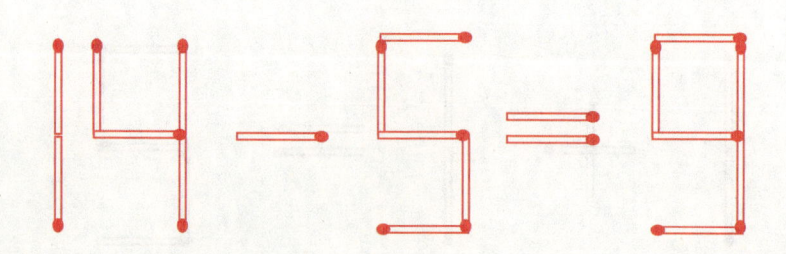

$$14-5=9$$

第三章
文字造型

越玩越聪明的 火柴棍游戏

1 方格变汉字

下图是由22根火柴棍组成的8个大小相等的正方形。请去掉11根火柴棍，使其变成一个表达数字的汉字。

2 三角形变汉字

下图是一个含有10个大小相等的小三角形的图形。请保留左、中、右3条平行的竖线，把其他的火柴棍拆掉，再把左边最下面的火柴棍顺时针移动45度，看一看会出现什么汉字。

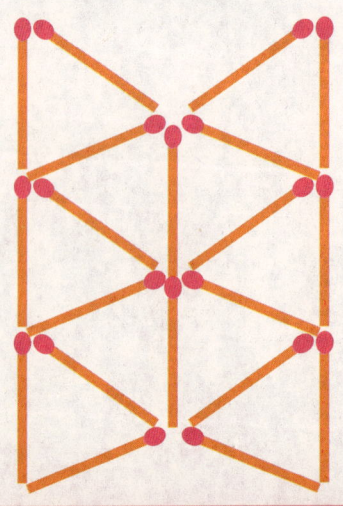

3 数字变单词（一）

下图是数字310。请移动3根火柴棍，使数字变成大写英语单词。

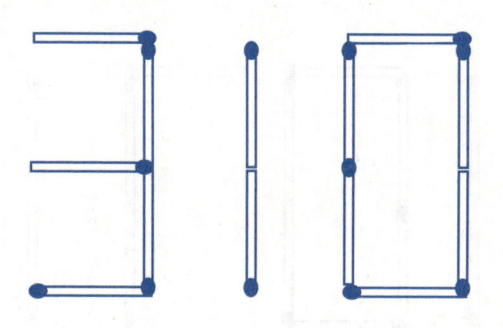

4 数字变单词（二）

下图是数字588。请去掉4根火柴棍，使数字变成大写英语单词。

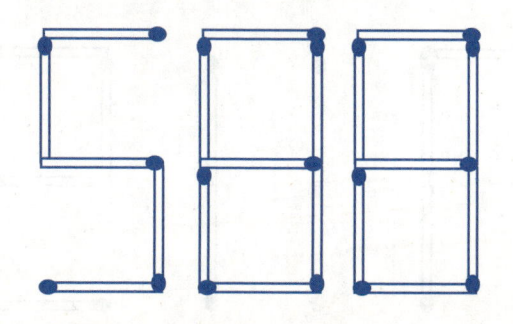

5 数字变单词（三）

下图是数字1071。请添加6根火柴棍，使数字变成大写英语单词。

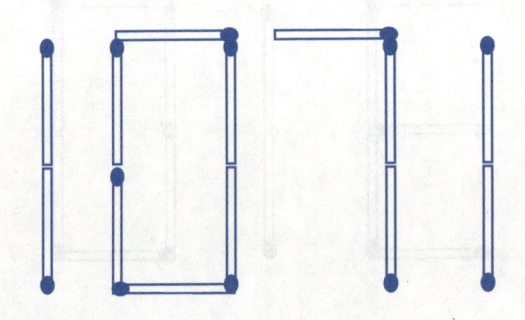

6 数字变单词（四）

下图是数字7115。请添加2根火柴棍再移动1根火柴棍，使数字变成大写英语单词。

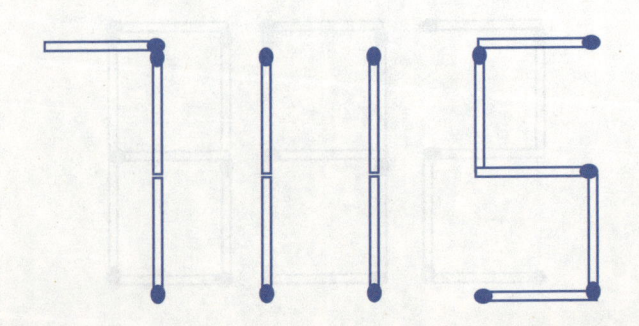

090

7　数字变单词（五）

下图是数字8191。请移动2根火柴棍再添加3根火柴棍，使数字变成大写英语单词。

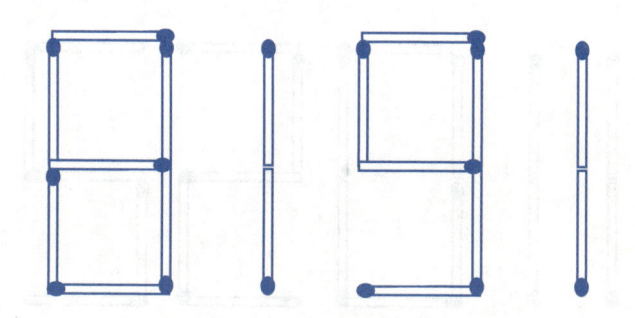

8　数字变单词（六）

下图是数字5111001。请添加4根火柴棍，使数字变成大写英语单词。

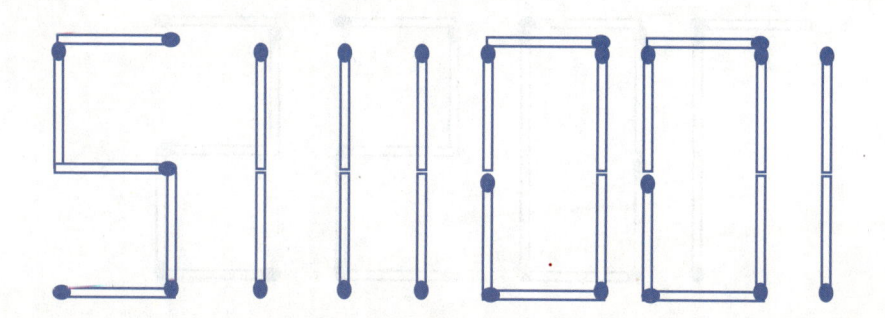

9　数字变单词（七）

下图是数字11052。请添加2根火柴棍再移动1根火柴棍，使数字变成大写英语单词。

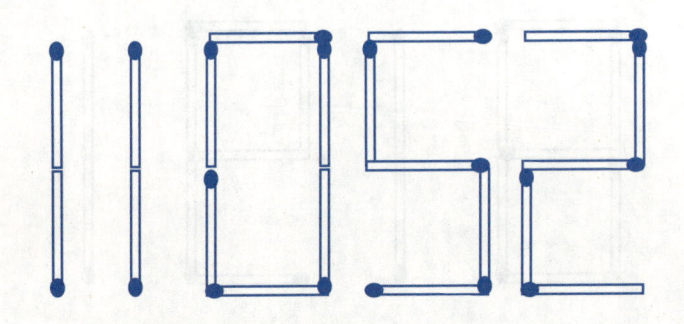

10　数字变单词（八）

下图是数字7055。请移动5根火柴棍，使数字变成大写英语单词。

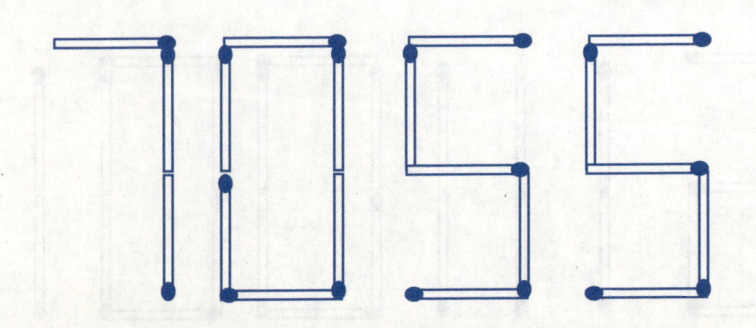

11　数字变单词（九）

下图是数字11511。请添加3根火柴棍，使数字变成大写英语单词。

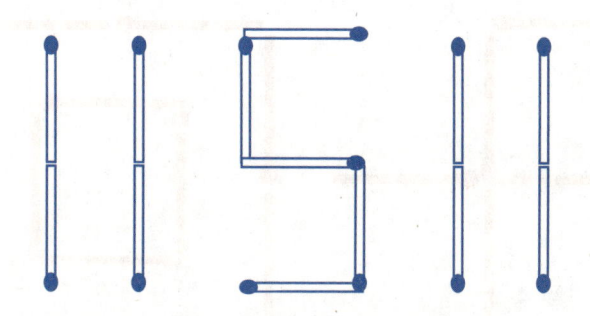

12　数字变单词（十）

下图是数字720。请移动3根火柴棍，使数字变成大写英语单词。

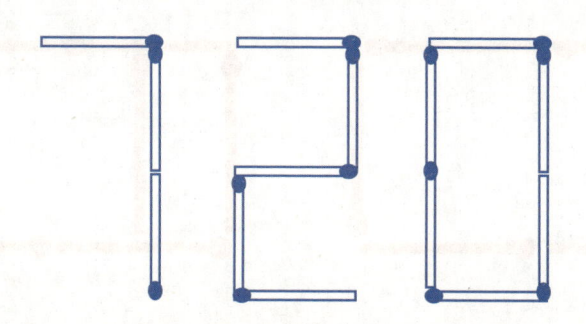

13 城市名（一）

下图共含有3个大小不等的正方形。请给每个图形分别移动2根火柴棍，使其变成中国山西省一个城市的名称。

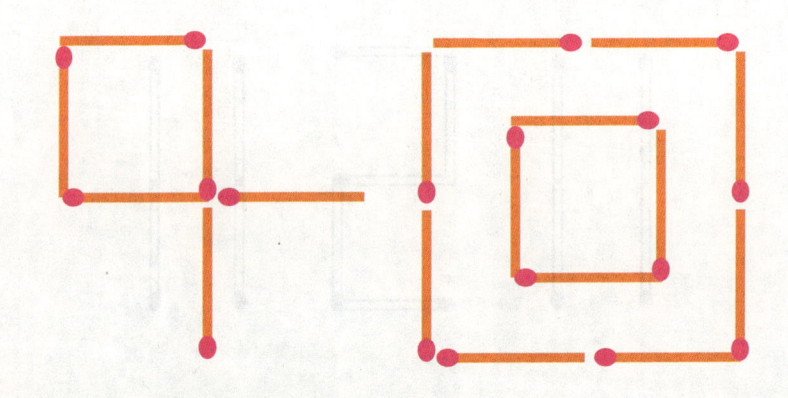

14 城市名（二）

请给下面每个图形移动2根火柴棍，使其变成海南省一个旅游城市的名称。

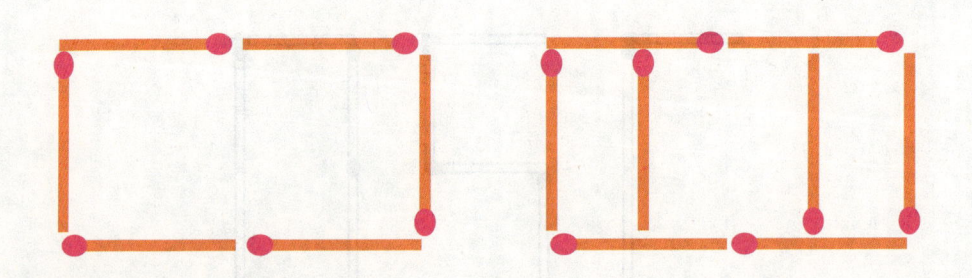

15 自然景观

下图是由12根火柴棍组成的田字。请去掉6根火柴棍，使其变成一个表达自然景观的汉字。

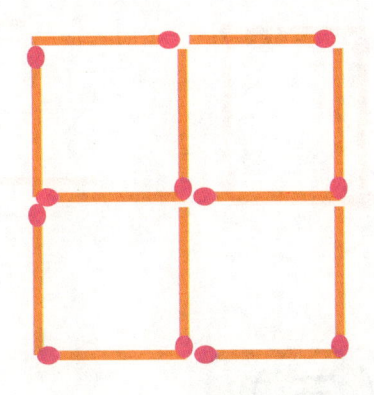

16 组词（一）

下图的火柴棍只有横竖搭配。请添加9根火柴棍，看一看会组成什么词语。

17 组词（二）

下图的火柴棍只有横竖搭配。请添加5根火柴棍，全部都斜着摆放，看一看会组成什么词语。

18 组词（三）

下图是由25根火柴棍组成的图形。请去掉左图的6根火柴棍，使两个图形组成一个词语。

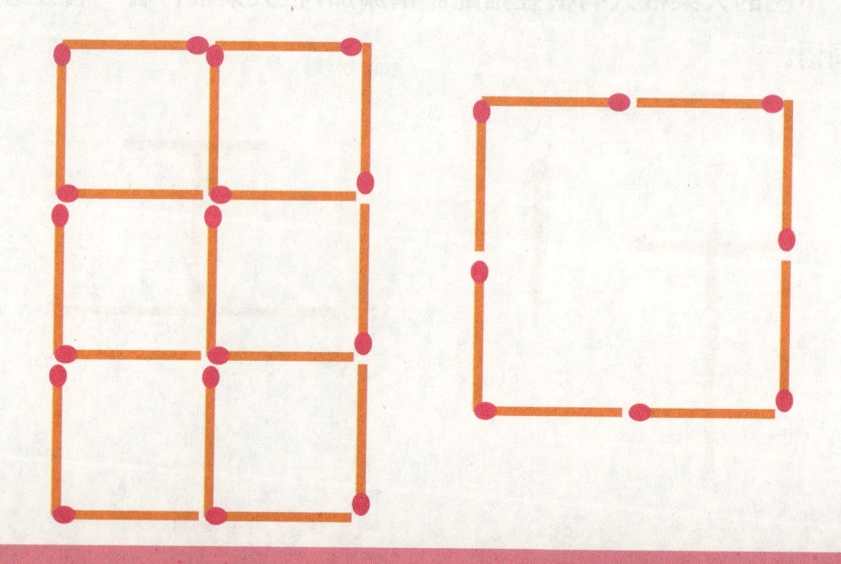

19 组词（四）

下图是由21根火柴棍组成的图形。请去掉右图的3根火柴棍，看一看两个图形会组成什么词语。

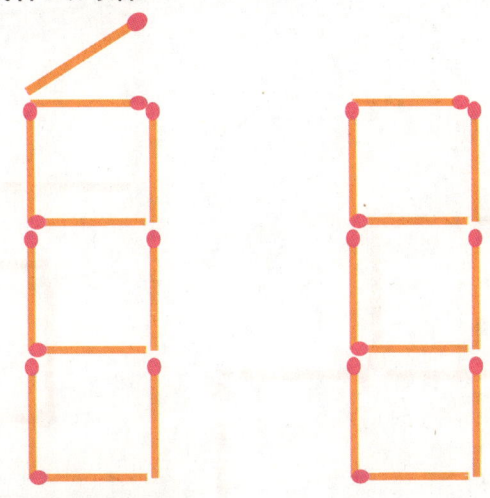

20 组词（五）

下图是由11根火柴棍组成的图形。请给两个图形分别添加2根火柴棍，使其变成一个词语。

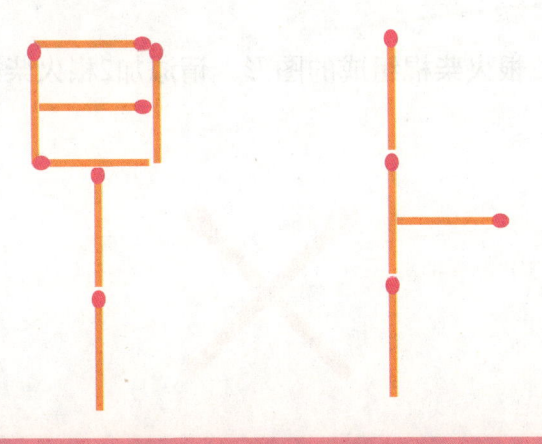

097

21　组词（六）

下图是由20根火柴棍组成的图形。请添加8根火柴棍，使其组成一个词语。

22　添2成汉字

下图是由2根火柴棍组成的图形。请添加2根火柴棍，看一看能组成什么字。

第三章 • 文字造型

23　5根火柴棍

请用下图的5根火柴棍拼出不同的汉字。

24　6根火柴棍

下图是由6根火柴棍组成的字。请用这6根火柴棍重新组成其他的字吧。

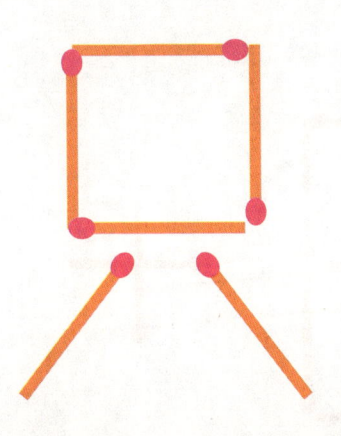

099

25　7根火柴棍

下图是由7根火柴棍组成的字。请用这7根火柴棍重新组成其他的字吧。

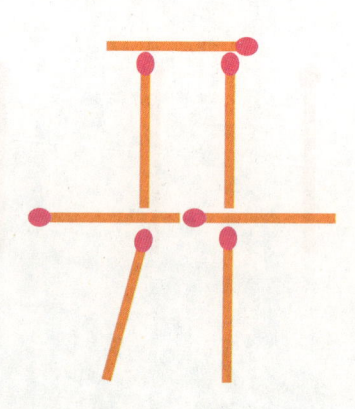

26　成语（一）

下图是由15根火柴棍组成的图形。请添加6根火柴棍，使其变成一个成语。

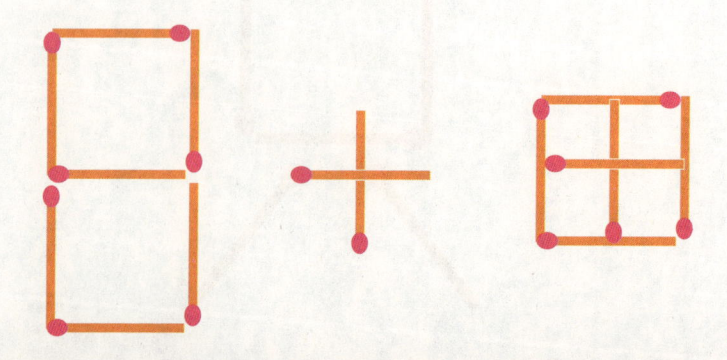

27 成语（二）

下图是由15根火柴棍组成的图形。请添加4根火柴棍，使其变成一个成语。

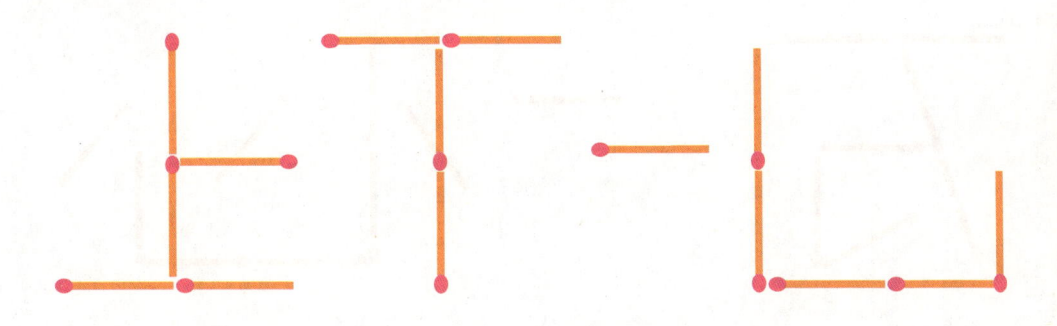

28 成语（三）

下图有四个十字。请在第二个和第四个字上一共添加12根火柴棍，使其变成一个成语。

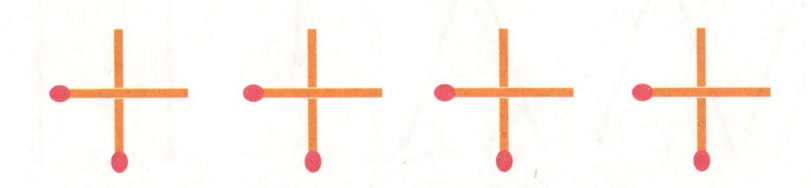

29 成语（四）

下图的成语少了第二个字。请用6根火柴棍拼出那个字。

30 巧变字母（一）

请添加4根火柴棍，使下图变成一个完整的英语单词。

31 巧变字母（二）

请移动4根火柴棍，使下图变成一个完整的英语单词。

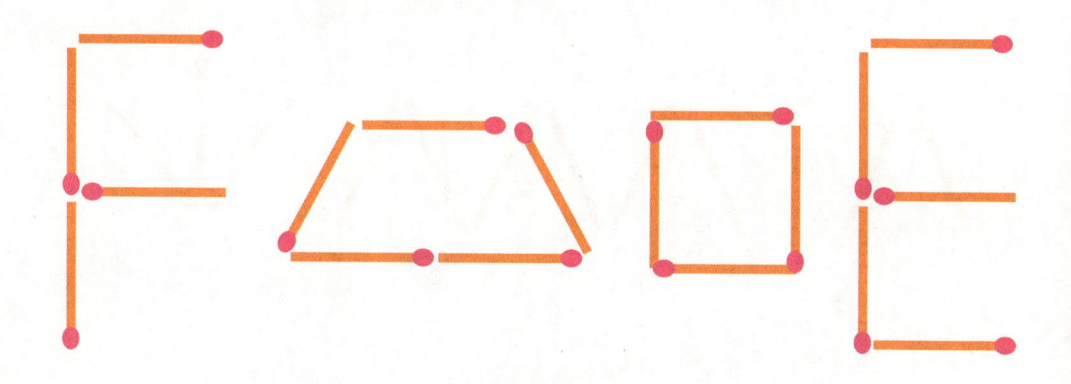

32 巧变字母（三）

请移动2根火柴棍，使下图变成一个完整的英语单词。

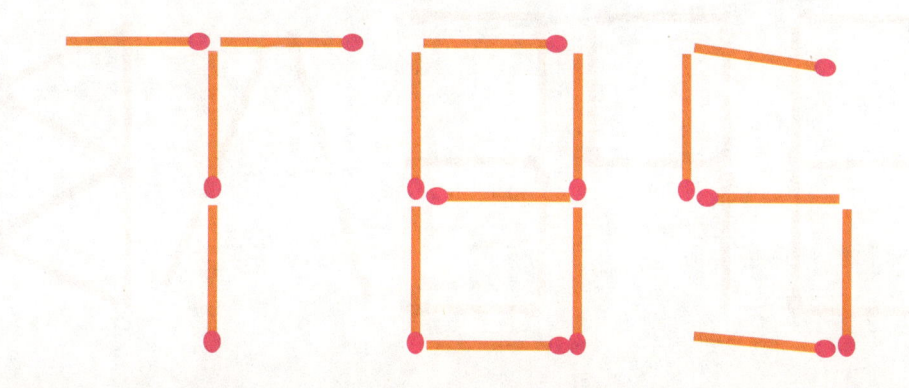

103

33　巧变字母（四）

请移动5根火柴棍，使下图变成一个完整的英语单词。

34　巧变字母（五）

请移动2根火柴棍，使下图变成一个完整的英语单词。

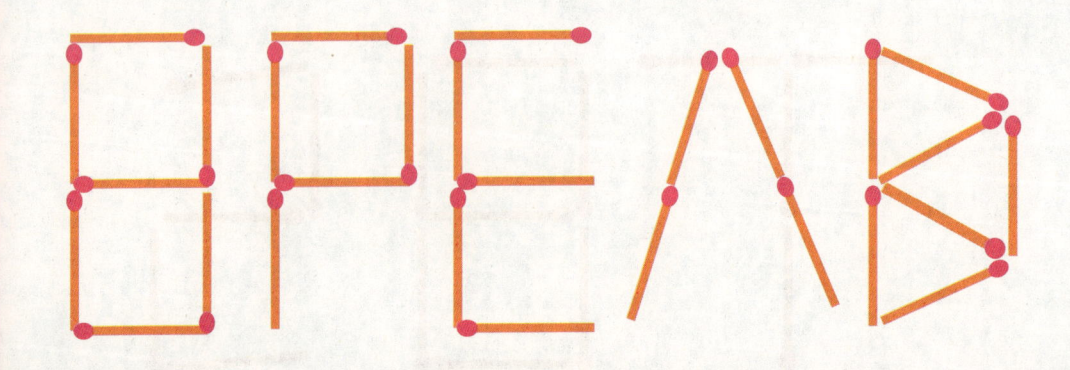

35 巧变字母（六）

请移动2根火柴棍，使下图变成一个完整的英语单词。

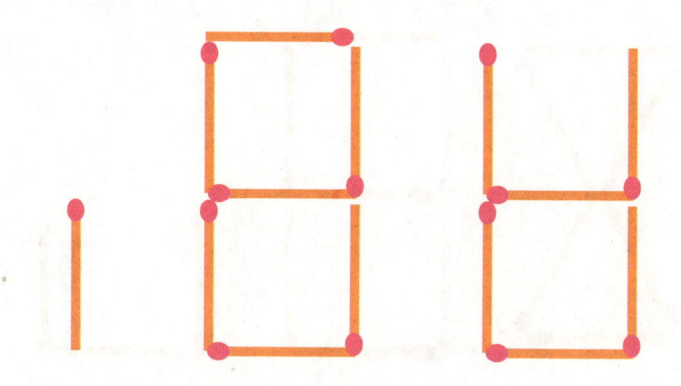

36 巧变字母（七）

请移动6根火柴棍，使下图变成一个完整的英语单词。

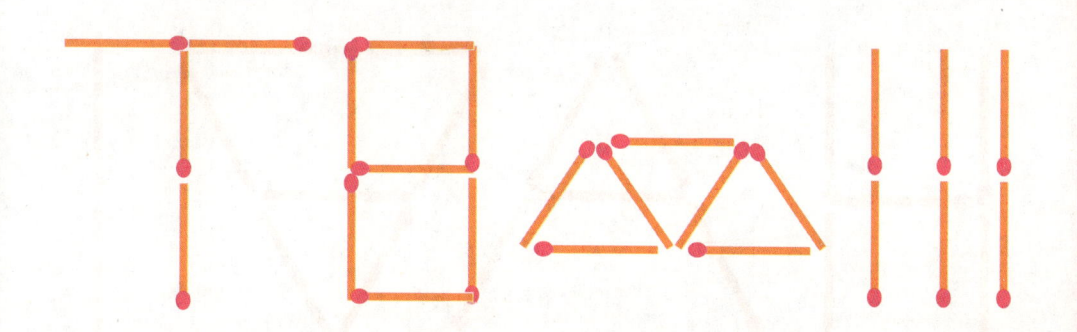

105

37 巧变字母（八）

请移动3根火柴棍，使下图变成一个完整的英语单词。

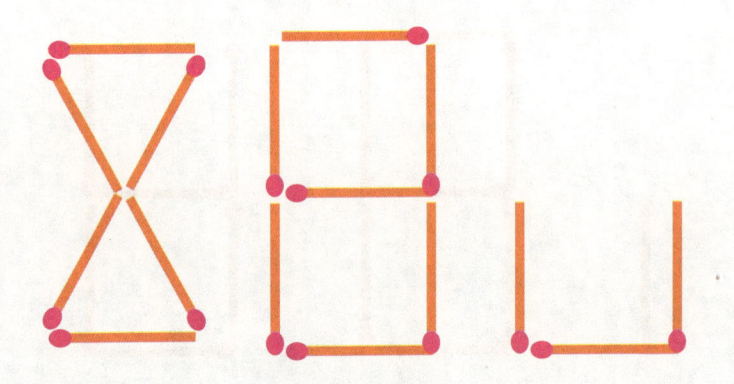

38 巧变字母（九）

请移动3根火柴棍，使下图变成一个完整的英语单词。

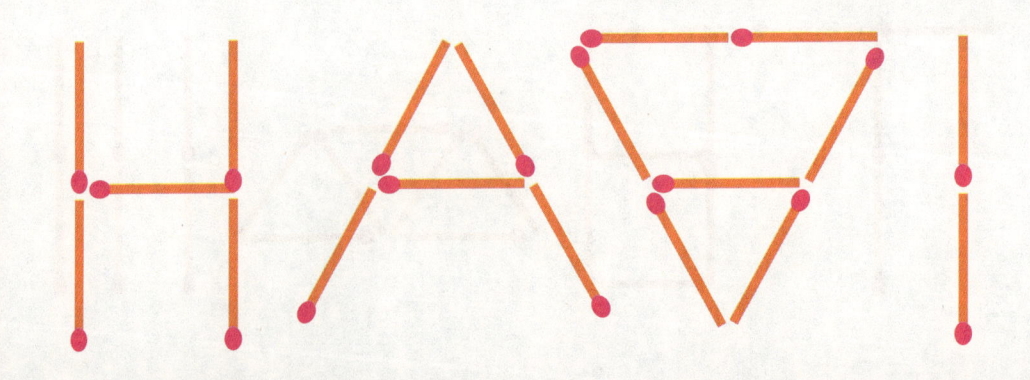

第三章·文字造型

39 巧变字母（十）

请移动6根火柴棍，使下图变成一个完整的英语单词。

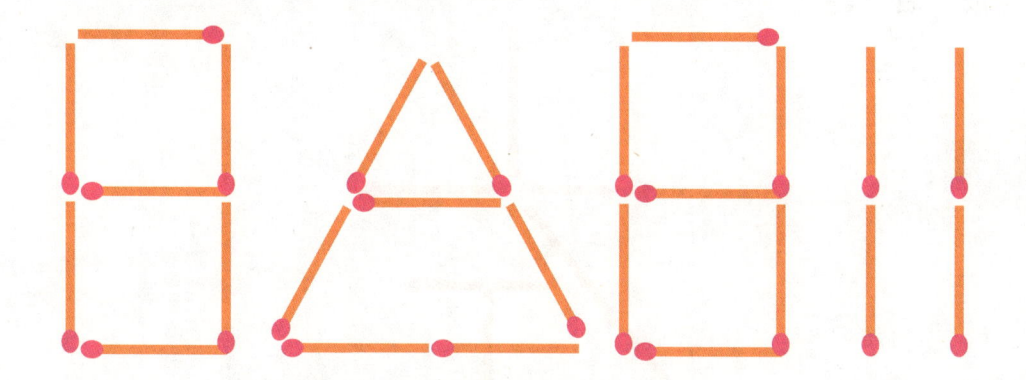

40 巧变字母（十一）

请移动5根火柴棍，使下图变成一个完整的英语单词。

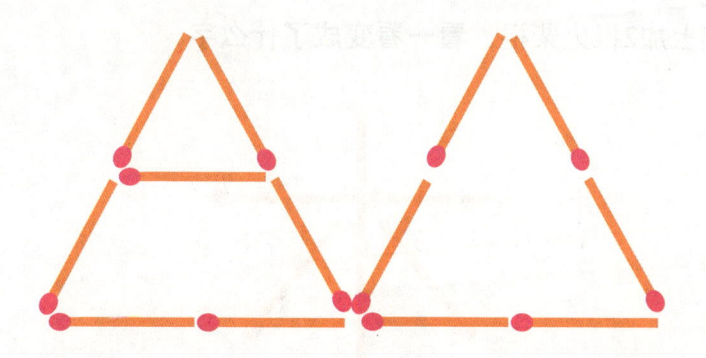

107

41 变字

下图是由火柴棍拼成的字。请移动3根火柴棍，使这个字变成"右"。

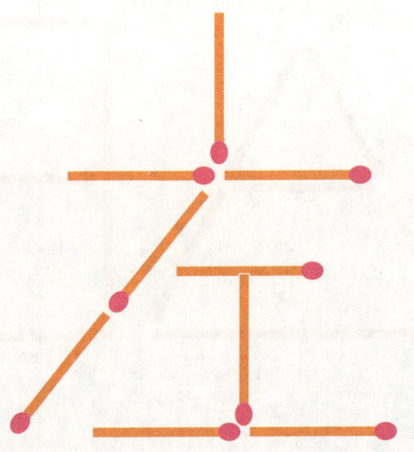

42 加笔画

下图是一个字。请加1根火柴棍，看一看变成了什么字，再在这个字的基础上加2根火柴棍，看一看变成了什么字。

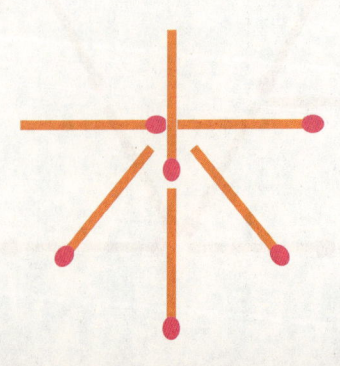

第四章

综合演练

越玩越聪明的 火柴棍游戏

1 图书变成蝴蝶

下图是1本倒着的书。请添加2根火柴棍把图书变成蝴蝶吧。

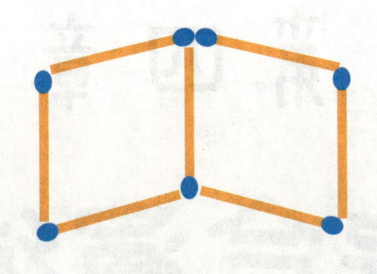

2 鸡爪变成鸭掌

下图是鸡的1对鸡爪。请添加2根火柴棍,使其变成1对鸭掌。

3 加1变5

下图是由3根火柴棍组成的1个三角形。请添加1个三角形，使其含有5个三角形。

4 2∶1

下图是由12根火柴棍组成的一个正方形。请用4根火柴棍把图形分成2份，其面积比例是2∶1。

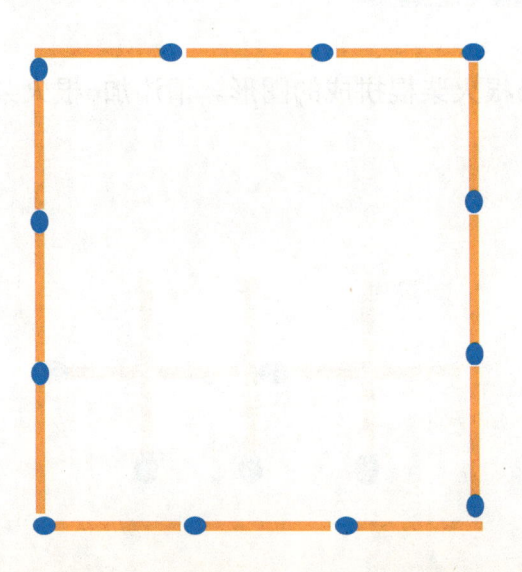

5 大2倍

下图是由5根火柴棍组成的2个三角形。请在图中加入一个由8根火柴棍拼成的1个平行四边形，使得整个图形的面积比原来的图形大2倍。

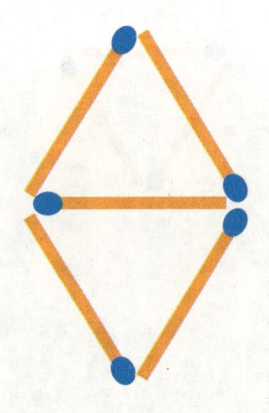

6 添6变11

下图是由5根火柴棍拼成的图形。请添加6根火柴棍，使其含有11个正方形。

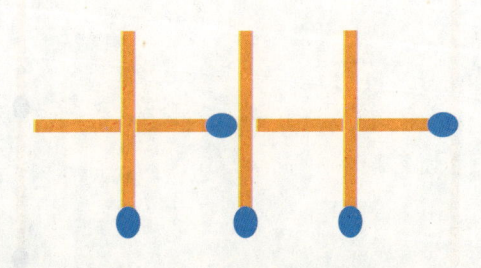

7　巧移梯形

下图是由11根火柴棍组成的图形。请移动4根火柴棍，使其含有3个梯形。

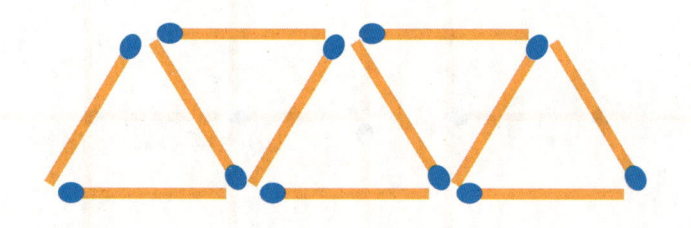

8　1栋变2栋

下图是由12根火柴棍组成的1栋房子。请去掉1根火柴棍，使其变成2栋房子。

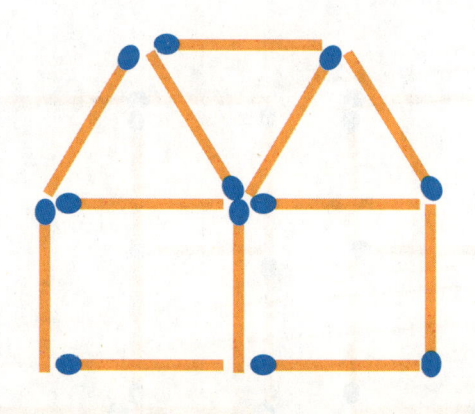

9 图形变数字（一）

下图是由27根火柴棍组成的图形。请去掉7根火柴棍，使其变成4位数的数字。

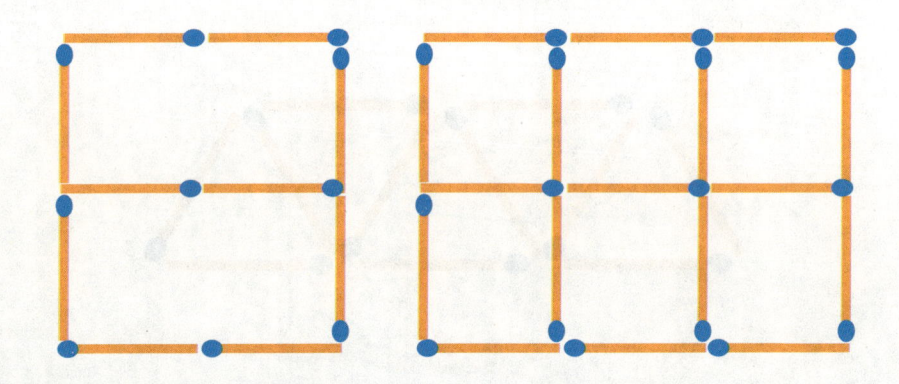

10 图形变数字（二）

下图是由25根火柴棍组成的图形。请去掉7根火柴棍，使其变成4位数的数字。

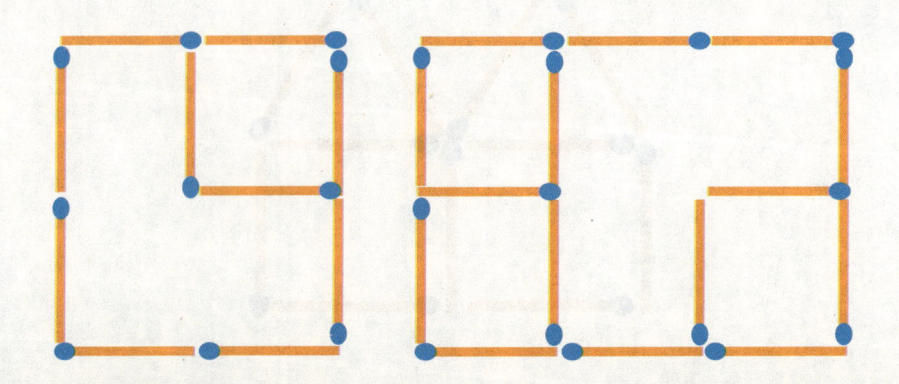

11 电脑变图形

下图是由16根火柴棍组成的电脑显示屏和键盘。请移动8根火柴棍，使图形含有2个大小不等的正方形和2个大小相等的三角形。

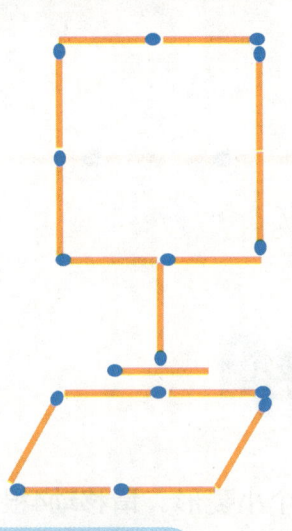

12 台灯变三角形

下图是由11根火柴棍组成的台灯。请移动5根火柴棍，使图形含有5个大小相等的小三角形。

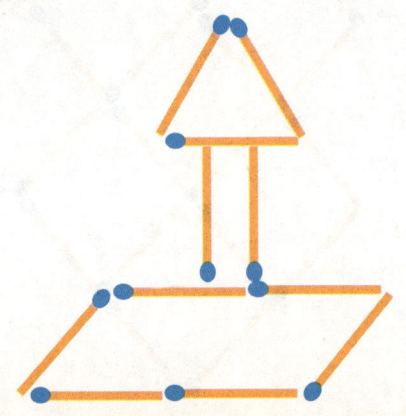

115

13 蛇变成扫把

下图是由9根火柴棍拼成的蛇，张开嘴巴，吐着舌头。请展开想象，移动2根火柴棍，使蛇变成扫把。

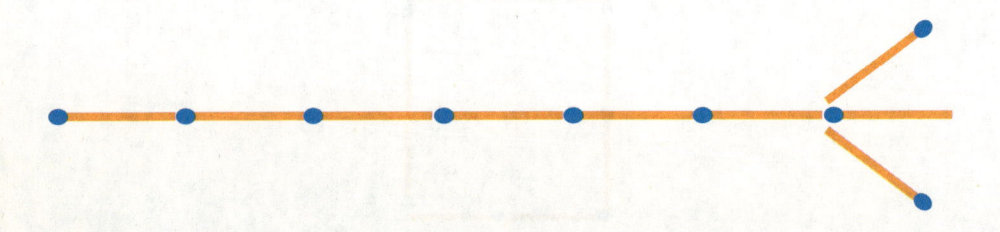

14 巧变菱形

下图有大小相等的7个小菱形。请移动4根火柴棍，使其含有9个三角形。

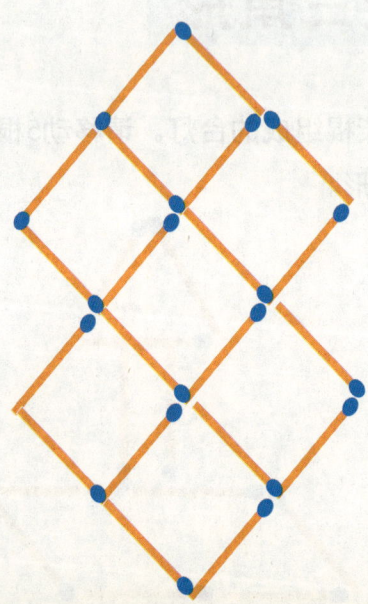

15 老鼠变成雨伞

下图是由7根火柴棍组成的老鼠。请移动4根火柴棍，使其变成一把雨伞。

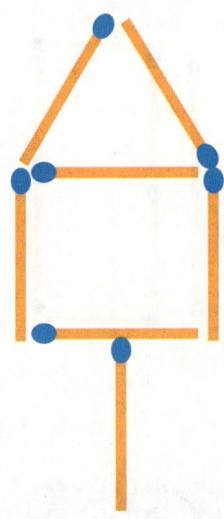

16 增加桥洞

下图是由8根火柴棍拼成的一座桥，有4个桥洞。请移动3根并添加3根火柴棍，使桥洞变成7个。

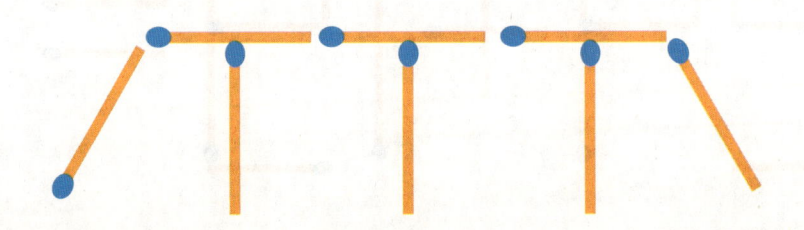

17 矫正算式（一）

请移动2根火柴棍，使下列算式成为正确的等式。

13+18=8

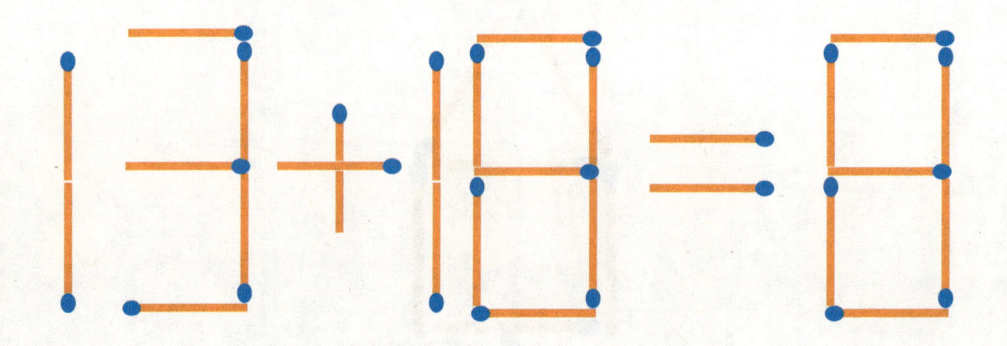

18 矫正算式（二）

请移动2根火柴棍，使下列算式成为正确的等式。

24+19=1

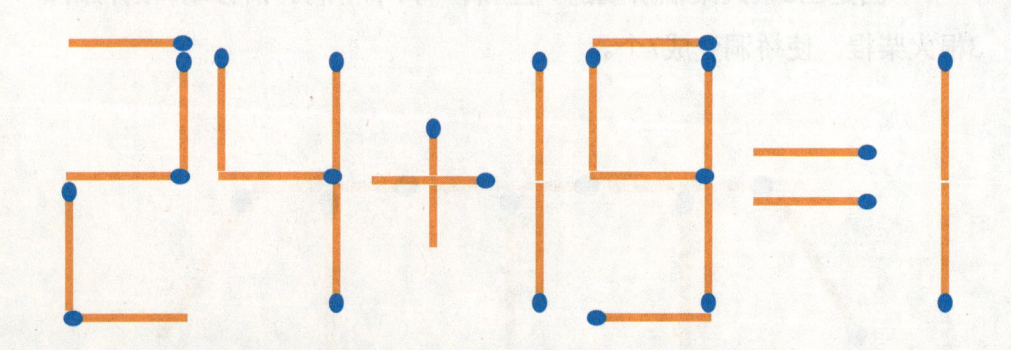

19 矫正算式（三）

请移动4根火柴棍，使下列算式成为正确的等式。

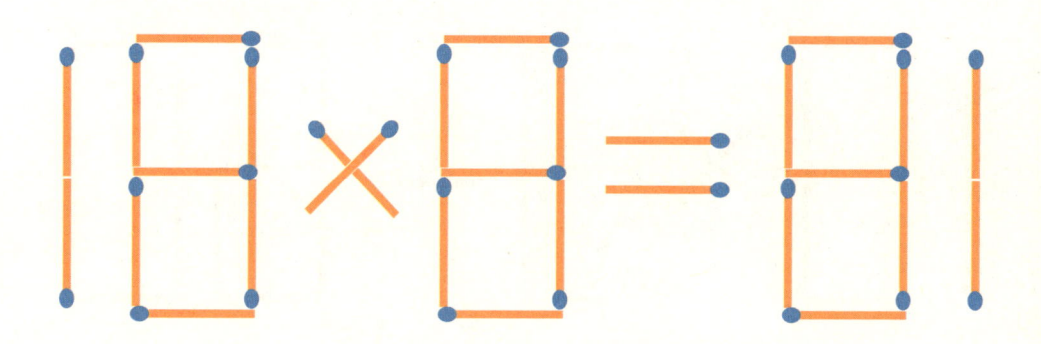

18×8=81

20 矫正算式（四）

请移动2根火柴棍，使下列算式成为正确的等式。

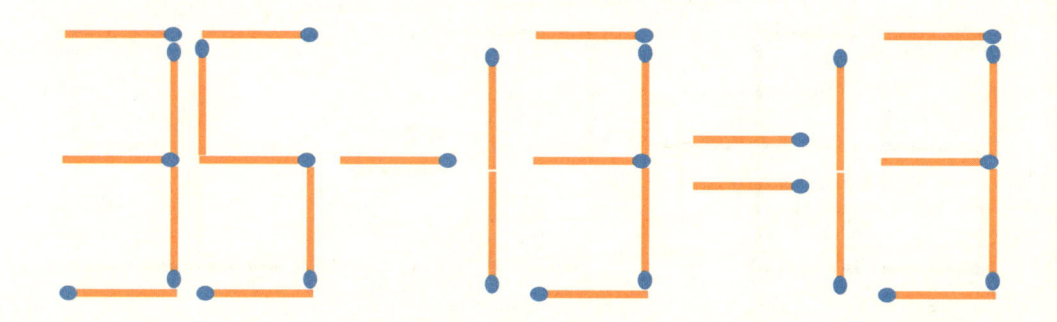

35-13=13

21 矫正算式（五）

请移动2根火柴棍，使下列算式成为正确的等式。

$$13 \times 3 = 60$$

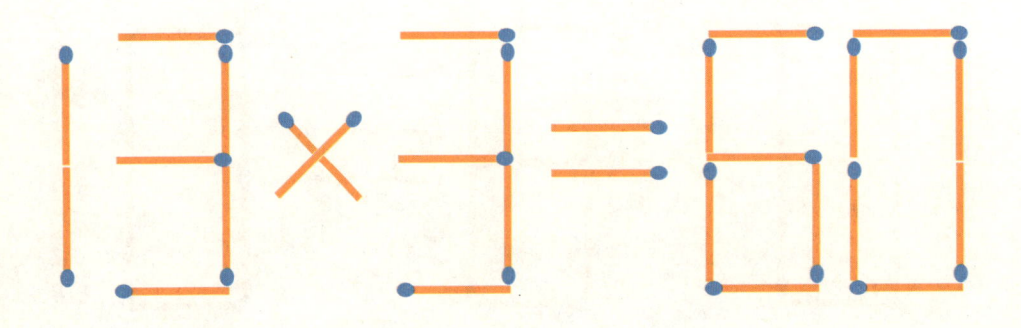

22 矫正算式（六）

请移动2根火柴棍，使下列算式成为正确的等式。

$$23 + 9 = 32$$

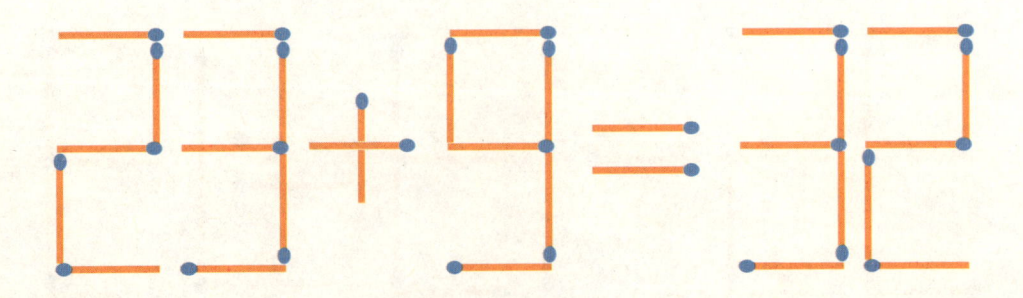

23 计算出得数（一）

请往等于号右边移动6根火柴棍，使等式成立。

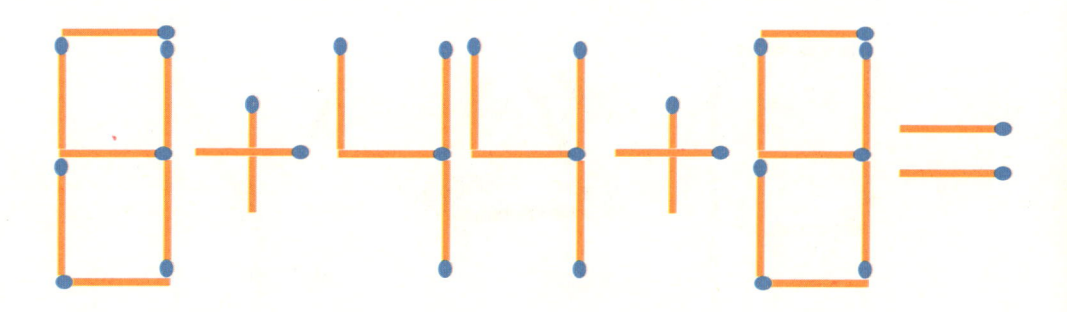

8+44+8=

24 计算出得数（二）

请往等于号右边移动4根火柴棍，使等式成立。

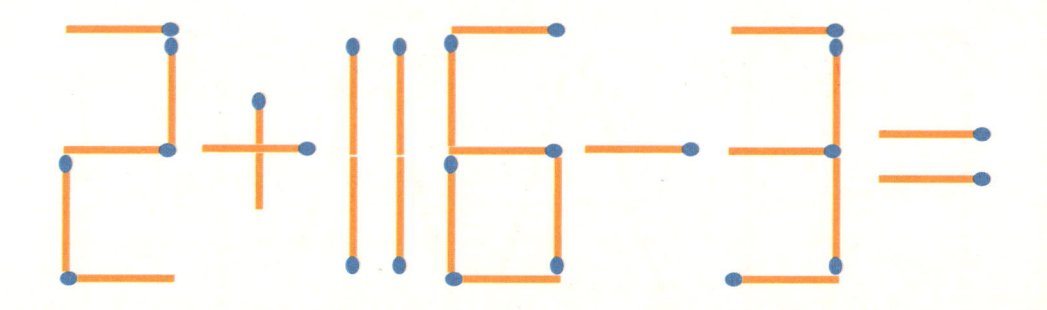

2+116-3=

25 图形变英语单词（一）

下图是由13根火柴棍组成的图形。请移动2根火柴棍，使其成为一个英语单词。

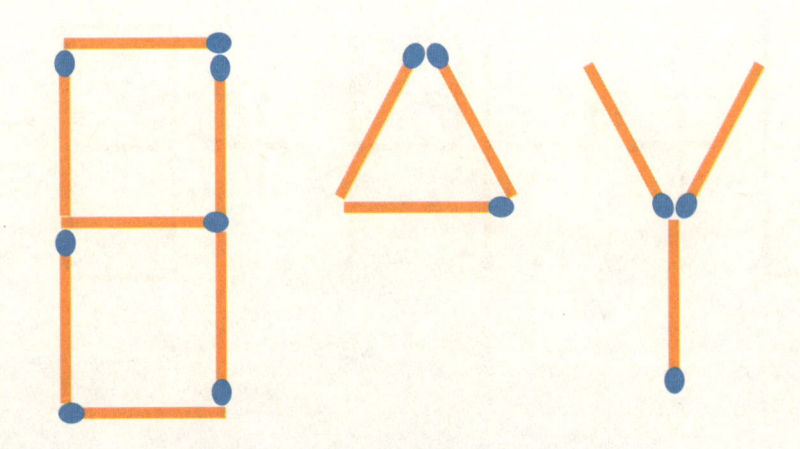

26 图形变英语单词（二）

下图是由24根火柴棍组成的图形。请移动4根火柴棍，使其成为一个英语单词。

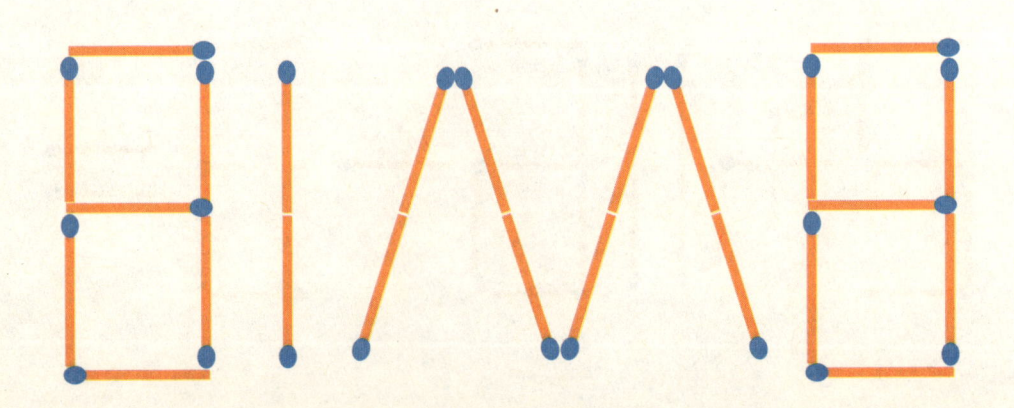

27 图形变英语单词（三）

下图是由17根火柴棍组成的图形。请移动3根火柴棍，使其成为一个英语单词。

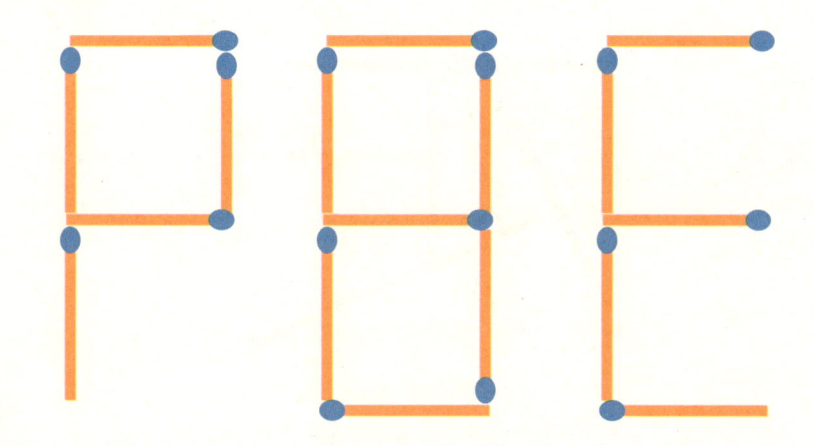

28 图形变英语单词（四）

下图是由16根火柴棍组成的图形。请移动3根火柴棍，使其成为一个英语单词。

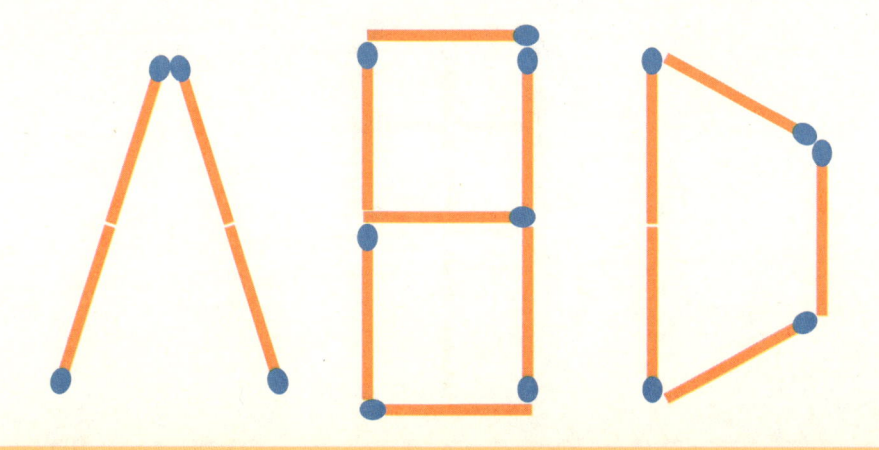

29 添加成汉字（一）

下图是由5根火柴棍组成的图形。请添加5根火柴棍，使其成为一个汉字。

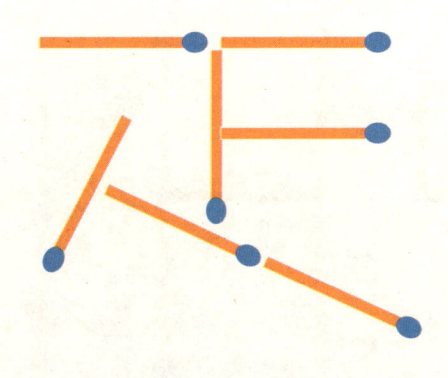

30 添加成汉字（二）

下图是由7根火柴棍组成的图形。请把它重组成为一个左右结构的汉字。

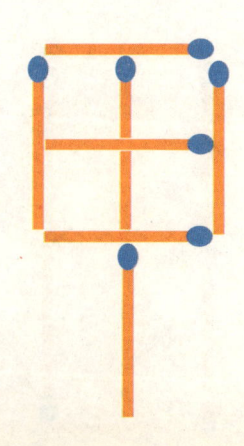

参考答案

第一章　图形变化

1. 房子变方向

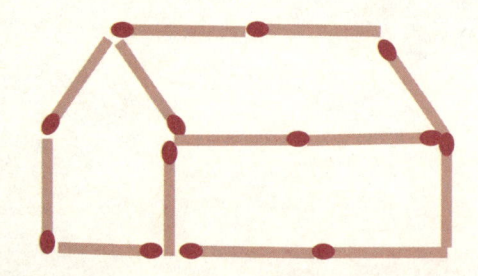

2. 增加1倍

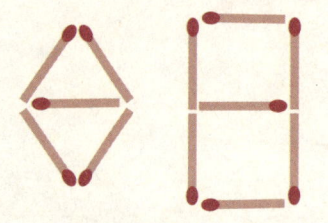

3. 旗变房子

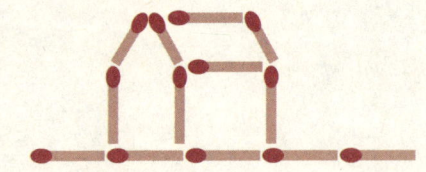

4. 飞行的燕子

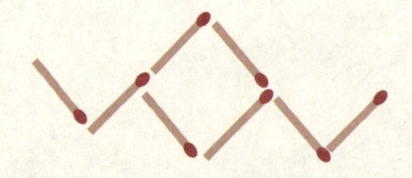

5. 4变3

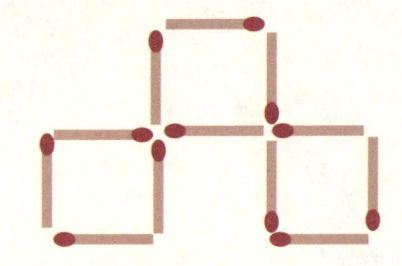

6. 转变方向

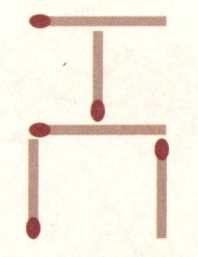

7. 汉字变图形

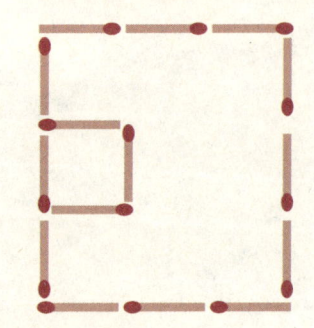

8. 长颈鹿

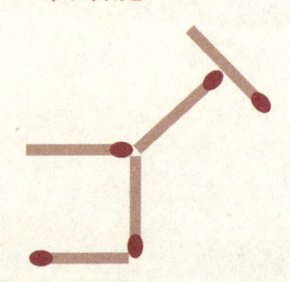

9. 搭建小船

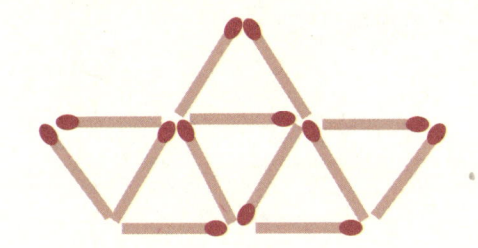

10. 添2为7

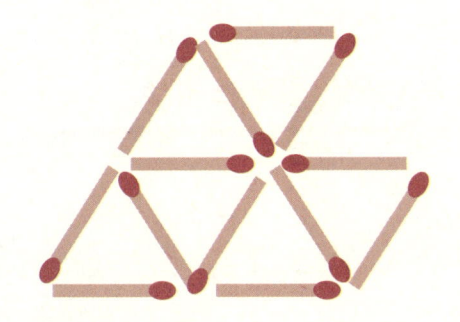

11. 4变5

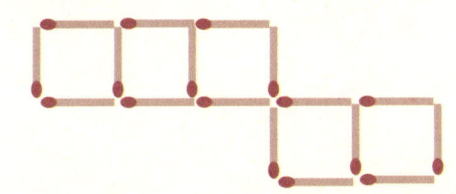

此题答案不唯一。

12. 4变6

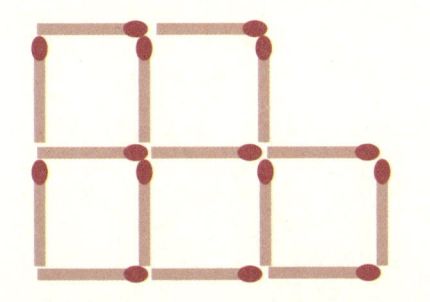

13. 加2变14

14. 10变6

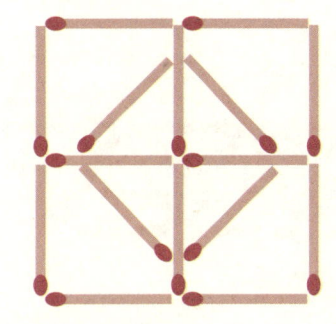

15. 缩小一半

16. 1变8

17. 六边形变三角形

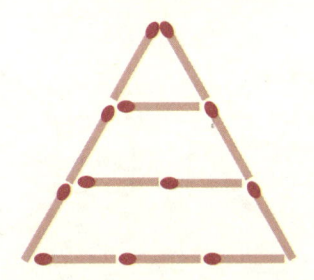

127

越玩越聪明 的 火柴棍游戏

18. 拼成6个

19. 6变12

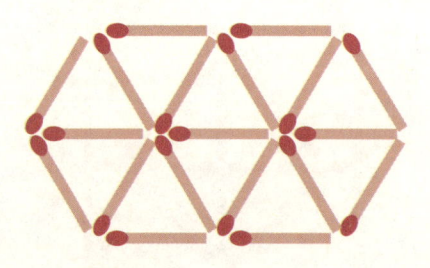

20. 巧变图形

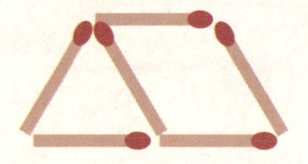

21. 10根火柴棍

此题答案不唯一。

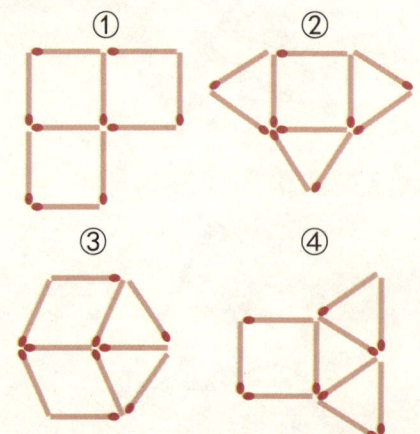

① ② ③ ④

22. 巧摆正方形

此题答案不唯一。

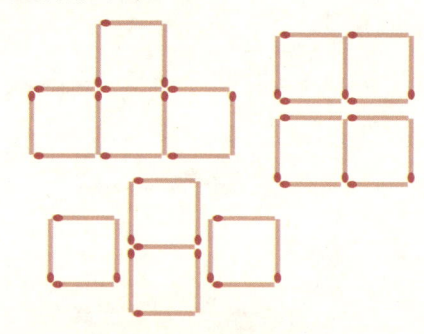

23. 倒过来的三角形

24. 多变六边形

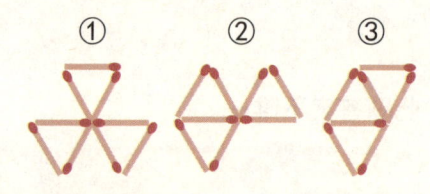

① ② ③

25. 灵活的小鱼

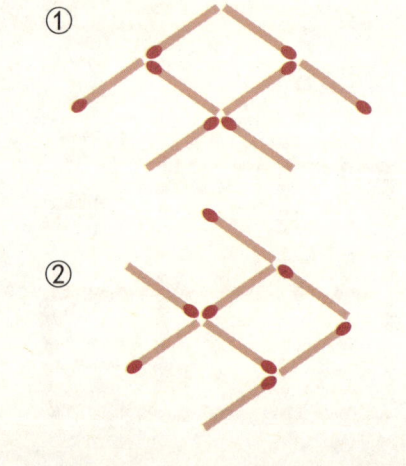

① ②

参考答案

26. 14变4

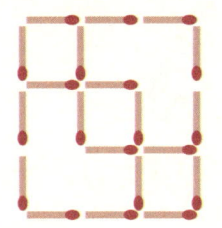

27. 5变7

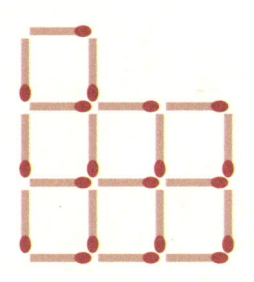

28. 去掉5根

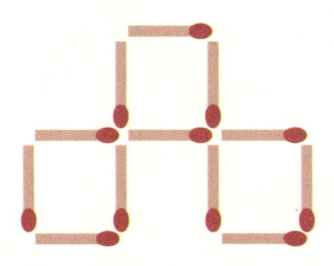

29. 移2增1
此题答案不唯一。

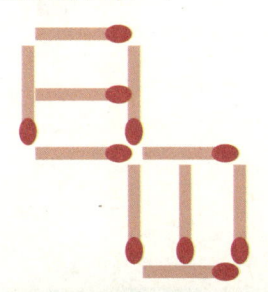

30. 移2减1

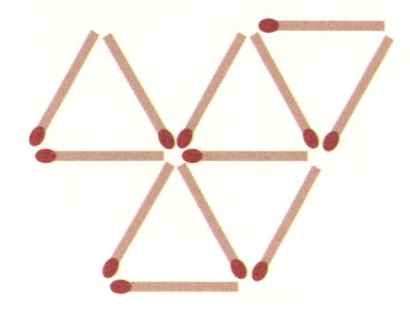

31. 移4变3

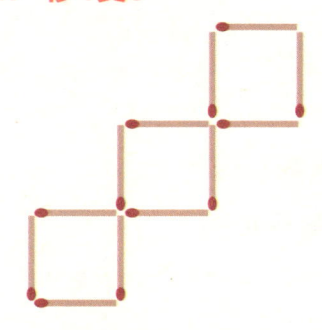

32. 3棵树

33. 添2加3

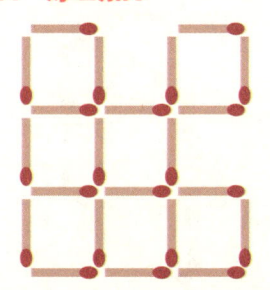

129

34. 2个正方形

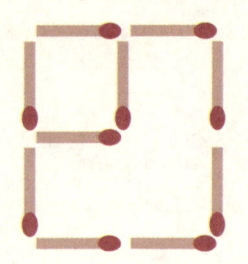

35. 多变三角形
① ② ③

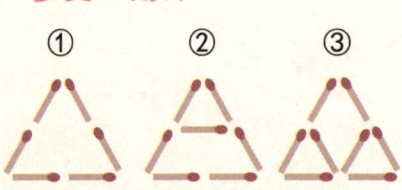

36. 消除正方形
此题答案不唯一。

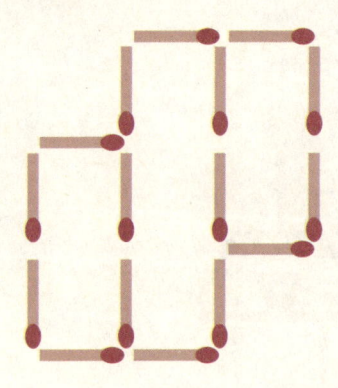

37. 5变6

38. 分别递增1个

39. 重组增1倍（一）

40. 重组增1倍（二）

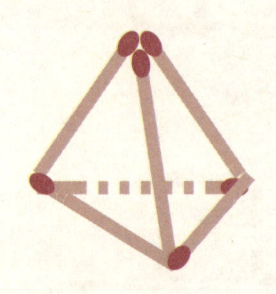

41. 小狗转身

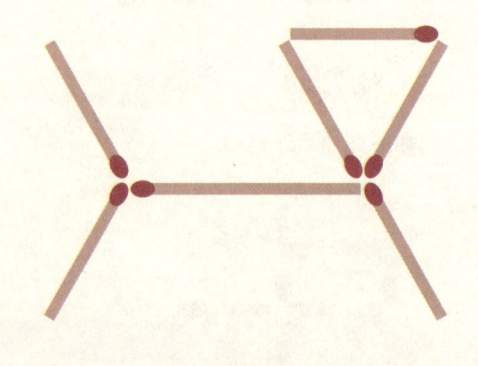

42. 椅子变方向

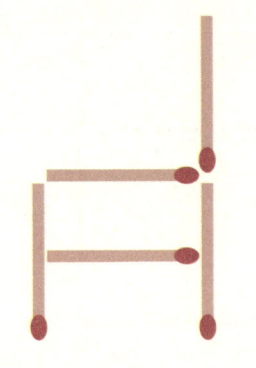

43. 蝴蝶结

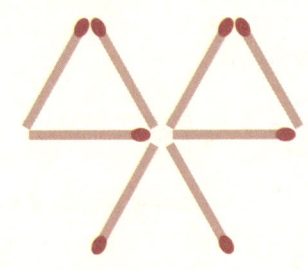

44. 巧移椅子

45. 添4成6

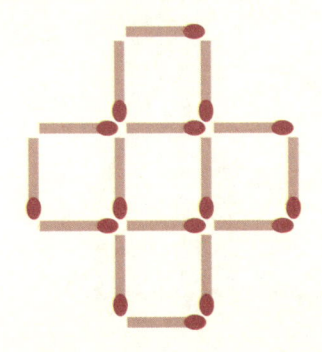

46. 去4变9

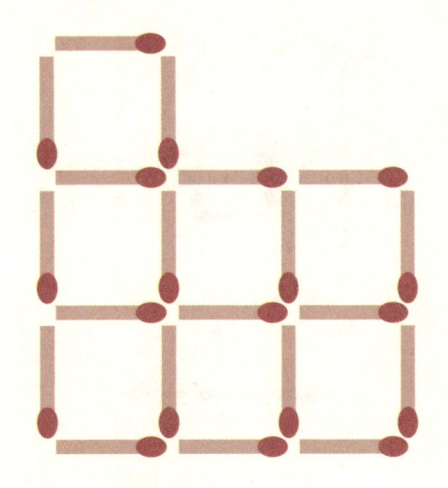

47. 1变3

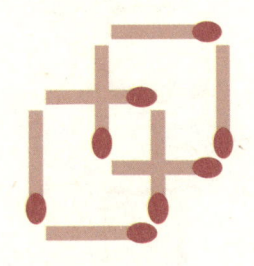

48. 巧拆蜂巢

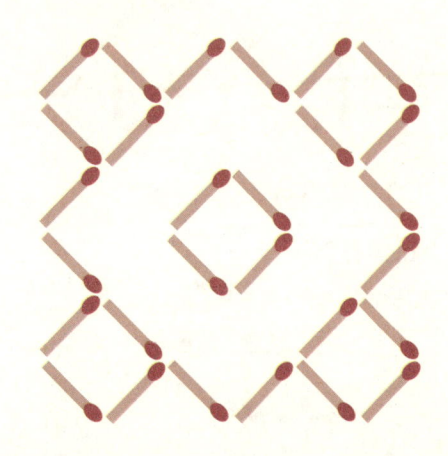

131

49. 巧变九宫格

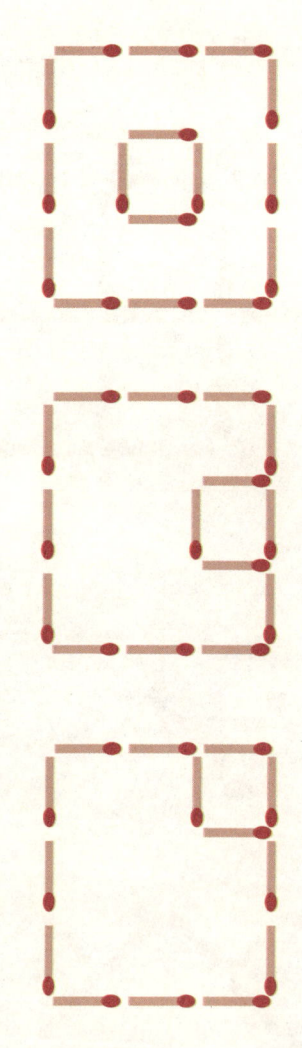

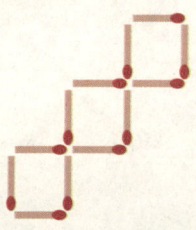

51. 不等变相等

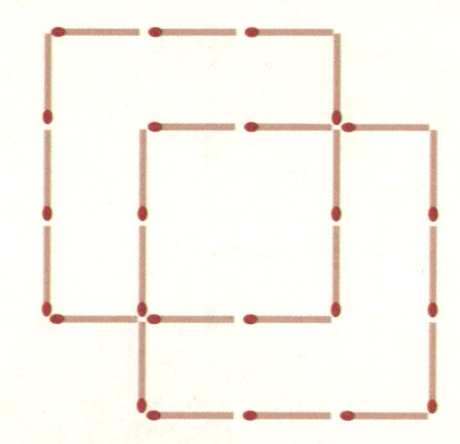

52. 消除三角形

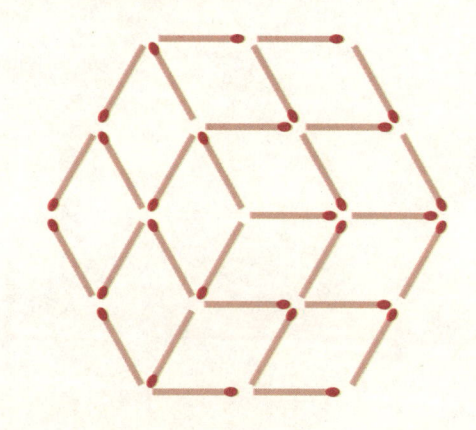

53. 杯子变成房子

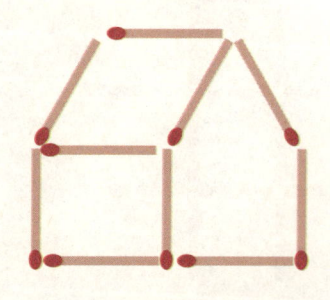

50. 去6存3
此题答案不唯一。

参考答案

54. 搭建三角形

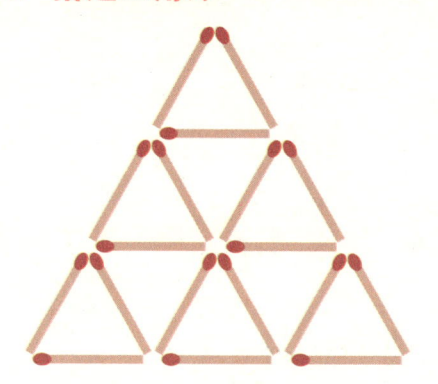

55. 可爱的小猪

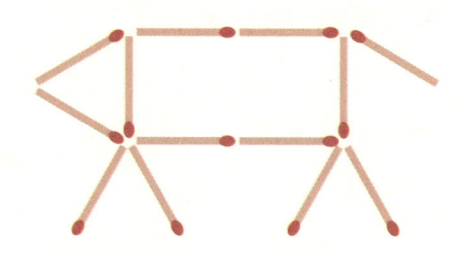

56. 金字塔

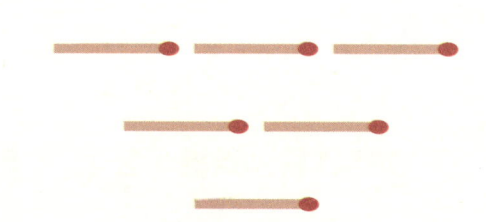

57. 变化的铅笔

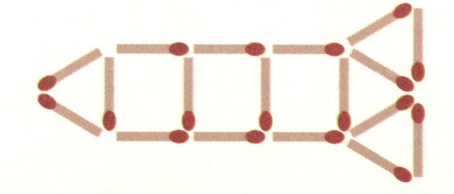

此题答案不唯一。

58. 热水瓶变方形

59. 把书倒过来

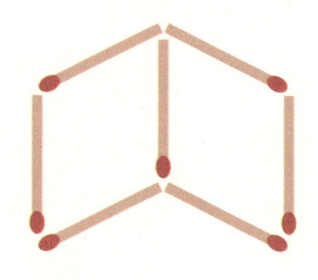

60. 倒转雨伞

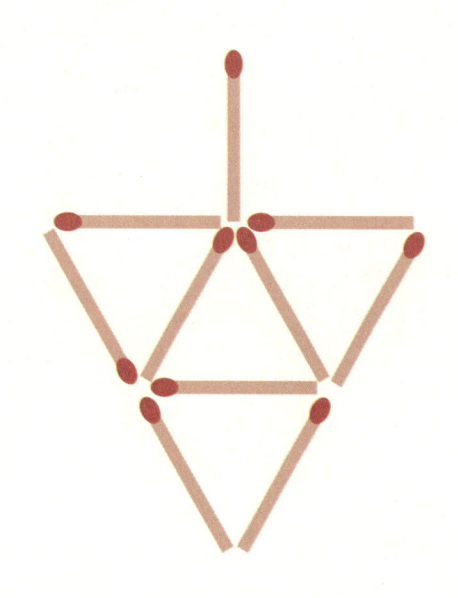

133

第二章　算式摆拼

1. 多种排列

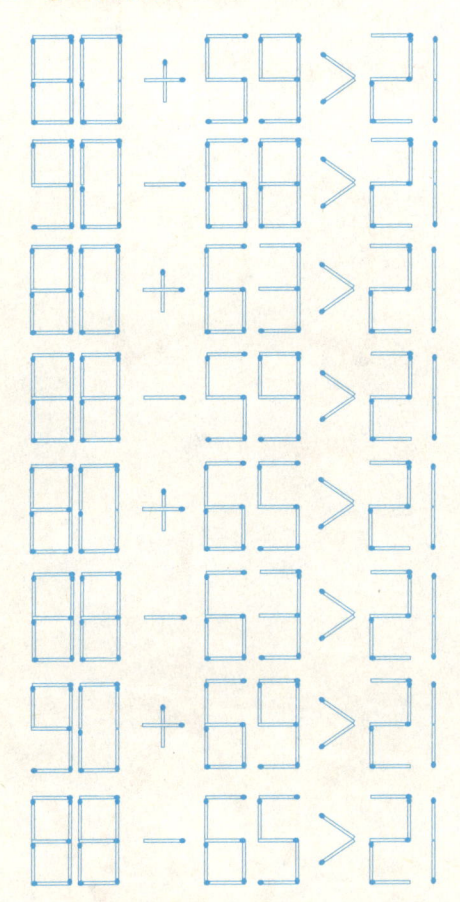

80 + 59 > 21

90 - 68 > 21

80 + 59 > 21

80 + 65 > 21

88 - 63 > 21

90 + 69 > 21

88 - 65 > 21

2. 有趣的罗马数字

① V + I = III - I + IV
　(5)　(1)　(3)　(1)　(4)

② IV + VII = XI
　(4)　　(7)　　(11)

3. 移动1根火柴棍（一）

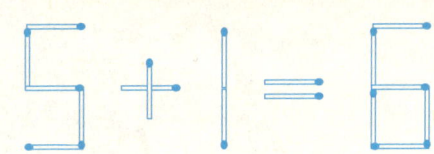

5 + 1 = 6

4. 移动1根火柴棍（二）

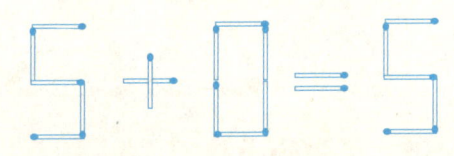

5 + 0 = 5

5. 移动1根火柴棍（三）

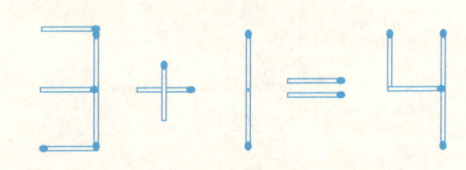

3 + 1 = 4

6. 移动1根火柴棍（四）

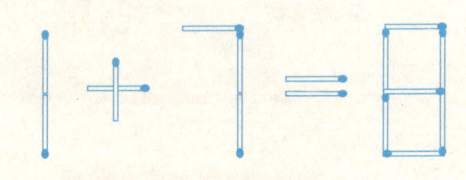

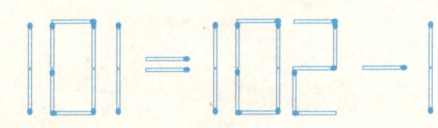

1 + 7 = 8

7. 移动1根火柴棍（五）

101 = 102 - 1

8. 移动1根火柴棍（六）

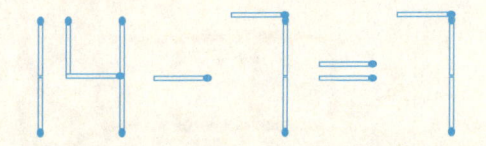

14 - 7 = 7

9. 移动1根火柴棍（七）

17 - 3 = 7 + 7
11 + 3 = 7 + 7

10. 移动1根火柴棍（八）

141 + 21 - 21 = 141

11. 移动1根火柴棍（九）

1 + 7 × 7 + 27 = 77

12. 移动1根火柴棍（十）

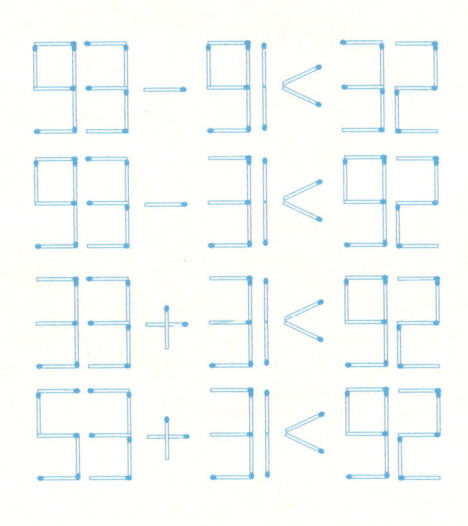

93 - 91 < 32
93 - 31 < 92
33 + 31 < 92
53 + 31 < 92

13. 移动2根火柴棍（一）

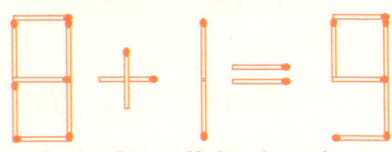

8 + 1 = 9

14. 移动2根火柴棍（二）

5 + 0 = 5

15. 移动2根火柴棍（三）

3 + 3 = 6

16. 移动2根火柴棍（四）

4 + 5 = 9

17. 移动2根火柴棍（五）

7 + 8 = 6 + 9

18. 移动2根火柴棍（六）

7 + 9 - 8 = 8

19. 移动2根火柴棍（七）

41 + 12 - 11 = 42

20. 移动2根火柴棍（八）

282+282+282+111=777

21. 移动2根火柴棍（九）

1472-1+42+11-12=142

22. 移动2根火柴棍（十）

721+427+24=1172

23. 改正错题（一）

0+3=3

0+2=2

24. 改正错题（二）

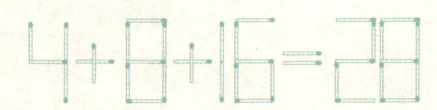

4+8+16=28

25. 改正错题（三）

2×7+7=17+4

26. 改正错题（四）

21+3=24

27. 改正错题（五）

22-7=15

28. 改正错题（六）

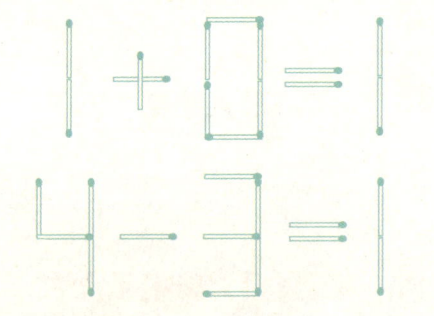

1+0=1

4-3=1

29. 改正错题（七）

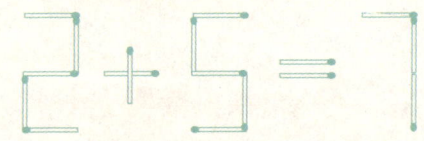

2+5=7

30. 改正错题（八）

7+7=14

31. 改正错题（九）

27+31=70-2

32. 改正错题（十）

2×4+4+12=24

参考答案

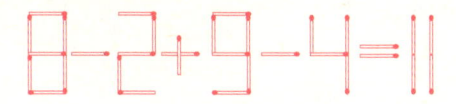

33. 变为正确算式（一）

8−2+9−4=11

34. 变为正确算式（二）

9−6=3

35. 变为正确算式（三）

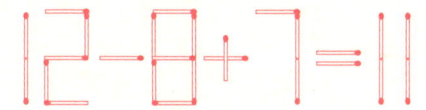

12−8+7=11

36. 变为正确算式（四）

29+37=66

37. 变为正确算式（五）

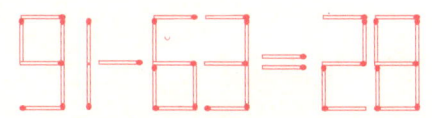

91−63=28

38. 变为正确算式（六）

7+4=11

39. 算式变等式（一）

16+33−20=29

40. 算式变等式（二）

447×2−122+2=774

41. 算式变等式（三）

241+122−222=141

42. 算式变等式（四）

43×3+15=144

43. 罗马算式（一）

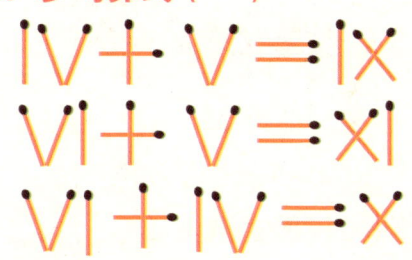

IV+V=IX

VI+V=XI

VI+IV=X

44. 罗马算式（二）

XI−I=X

45. 使等式成立（一）

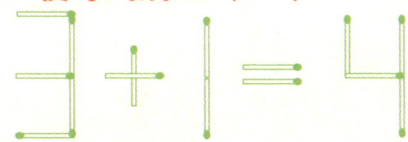

3+1=4

46. 使等式成立（二）

17+7=17+7

47. 使等式成立（三）

12−2+1=11

48. 使等式成立（四）

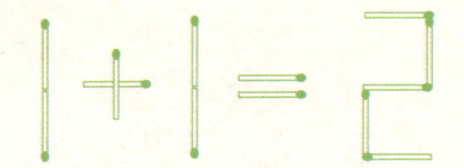

1 + 1 = 2

49. 使等式成立（五）

4 + 11 - 4 = 11

50. 使等式成立（六）

9 - 1 + 1 = 9

51. 使等式成立（七）

43 - 15 = 28

52. 使等式成立（八）

11 + 0 = 11

53. 使等式成立（九）

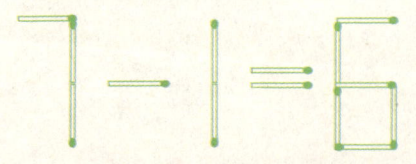

7 - 1 = 6

54. 使等式成立（十）

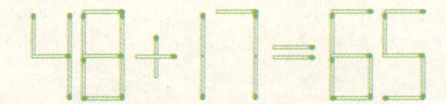

48 + 17 = 65

55. 使等式成立（十一）

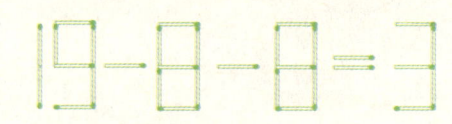

19 - 8 - 8 = 3

56. 使等式成立（十二）

1 + 4 = 5

57. 使等式成立（十三）

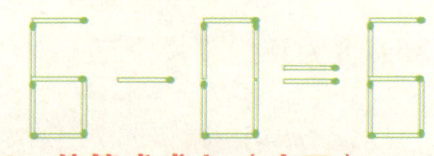

6 - 0 = 6

58. 使等式成立（十四）

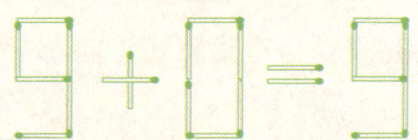

9 + 0 = 9

59. 使等式成立（十五）

751 ÷ 5 = 150……1

60. 使等式成立（十六）

53 + 18 - 30 + 27 = 68

61. 使等式成立（十七）

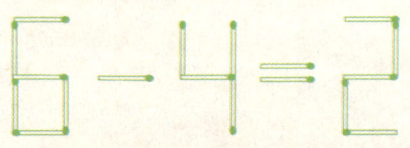

6 - 4 = 2

62. 使等式成立（十八）

50 + 12 = 62

参考答案

63. 使等式成立（十九）

50+40=90

64. 三选一（一）

移动1根火柴棍。

125×16+10=2010

65. 三选一（二）

去掉1根火柴棍。

75-1=74

66. 三选一（三）

添加1根火柴棍。

14+1=15

67. 三选一（四）

移动1根火柴棍。

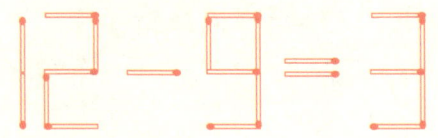

12-9=3

68. 三选一（五）

添加1根火柴棍。

9+2=11

69. 三选一（六）

去掉1根火柴棍。

38-15=23

70. 三选一（七）

移动2根火柴棍。

7+7=14

71. 三选一（八）

移动1根火柴棍。

95-62=33

72. 三选一（九）

移动2根火柴棍。

11+1+1+1=14

73. 三选一（十）

答案不唯一，可移动1根火柴棍。

14-7+4=11

74. 三选一（十一）

移动1根火柴棍。

49-35=14

139

越玩越聪明的 火柴棍游戏

75. 三选一（十二）

添加2根火柴棍。

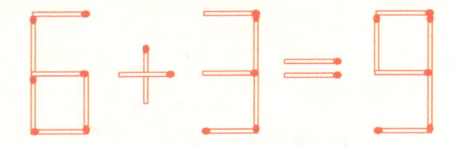

6+3=9

76. 三选一（十三）

移动2根火柴棍。

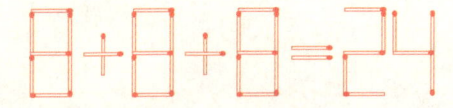

8+8+8=24

77. 移动3根火柴棍（一）

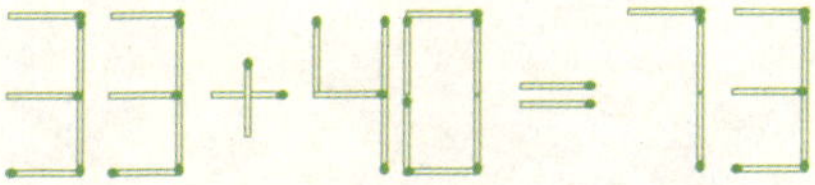

33+40=73

78. 移动3根火柴棍（二）

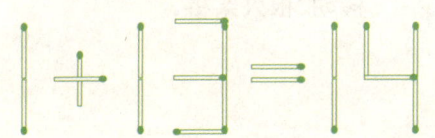

1+13=14

79. 移动3根火柴棍（三）

16+17=33

80. 移动3根火柴棍（四）

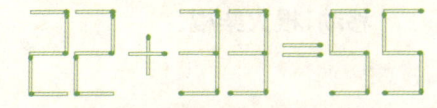

22+33=55

81. 移动3根火柴棍（五）

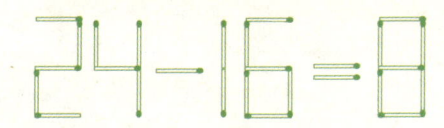

24-16=8

82. 移动3根火柴棍（六）

此题答案不唯一。

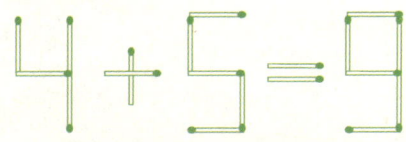

4+5=9

83. 移动3根火柴棍（七）

6+8=14

84. 移动3根火柴棍（八）

17+20=37

85. 移动3根火柴棍（九）

14+14=28

86. 移动3根火柴棍（十）

7×14=98

87. 移动3根火柴棍（十一）

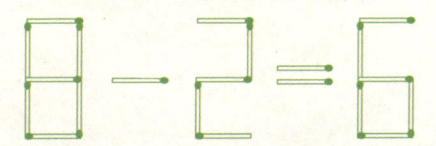

8-2=6

★ 参考答案

88. 移动3根火柴棍（十二）

16 - 7 = 9

89. 移动3根火柴棍（十三）

23 - 14 = 9

90. 移动3根火柴棍（十四）

12 + 3 = 15

91. 移动3根火柴棍（十五）

12 + 13 = 25

92. 移动3根火柴棍（十六）

71 - 68 = 3

93. 移动3根火柴棍（十七）

35 - 15 = 20

94. 移动3根火柴棍（十八）

41 + 27 = 68

95. 等式变等式（一）

9 - 3 = 6

96. 等式变等式（二）

3 + 6 = 9

97. 等式变等式（三）

此题答案不唯一。

9 + 2 = 11

98. 等式变等式（四）

3 + 4 = 7

99. 等式变等式（五）

7 - 6 = 1

100. 等式变等式（六）

3 + 3 = 6

101. 等式变等式（七）

此题答案不唯一。

7 - 2 = 5

越玩越聪明的火柴棍游戏

102. 等式变等式（八）

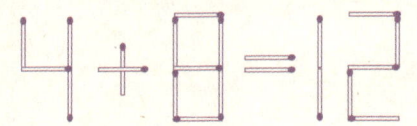

4+8=12

103. 等式变等式（九）

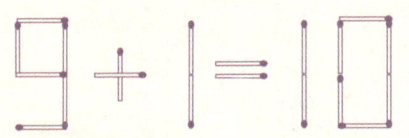

9+1=10

104. 等式变等式（十）

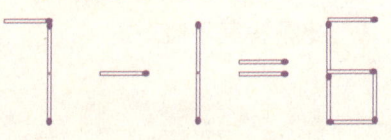

7-1=6

105. 等式变等式（十一）

12-6=6

106. 等式变等式（十二）

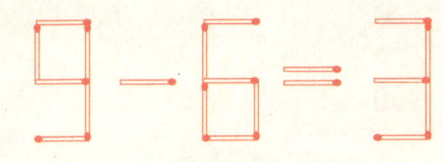

9-6=3

第三章　文字造型

1. 方格变汉字

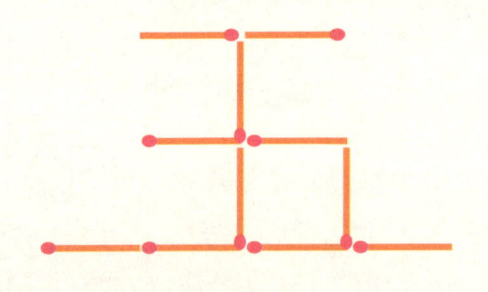

五

2. 三角形变汉字

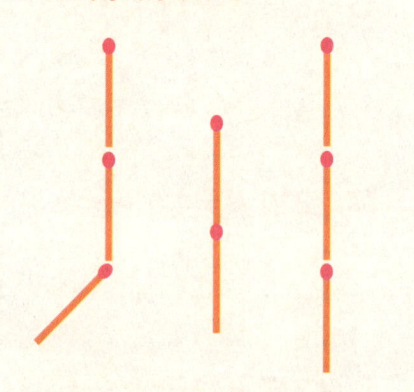

川

3. 数字变单词（一）

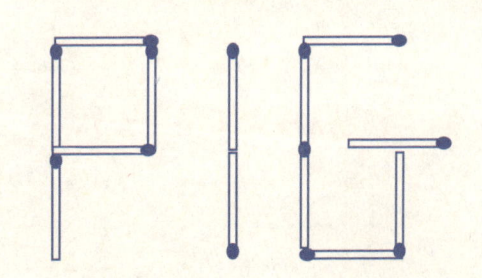

PIG

4. 数字变单词（二）

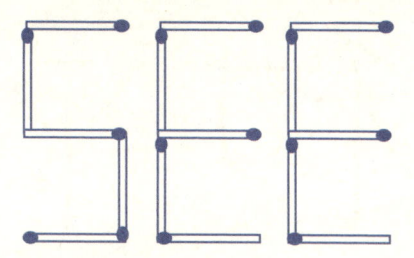

SEE

5. 数字变单词（三）

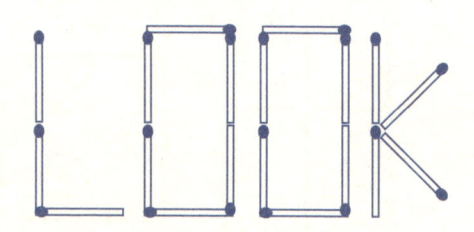

LOOK

6. 数字变单词（四）

THE

7. 数字变单词（五）

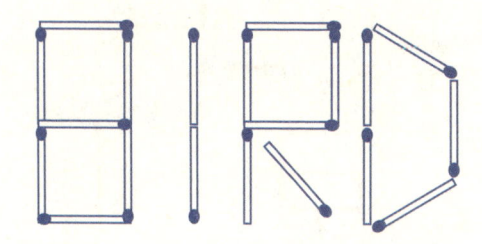

BIRD

8. 数字变单词（六）

SCHOOL

9. 数字变单词（七）

NOSE

10. 数字变单词（八）

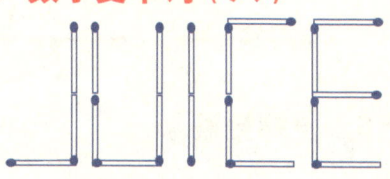

JUICE

11. 数字变单词（九）

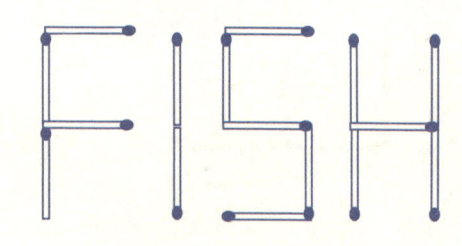

FISH

12. 数字变单词（十）

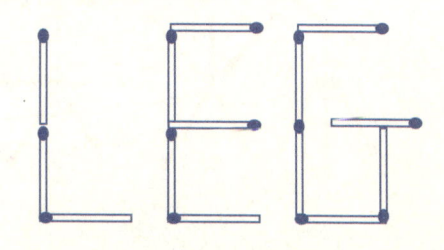

LEG

13. 城市名（一）

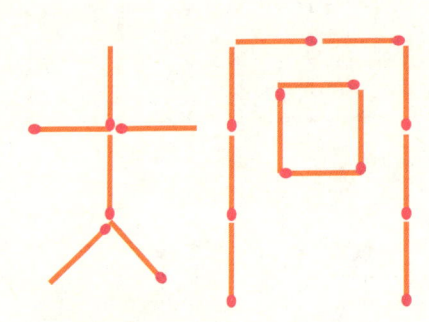

大闸

14. 城市名（二）

三亚

15. 自然景观

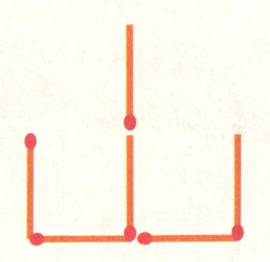

山

16. 组词（一）

秋天

17. 组词（二）

和平

18. 组词（三）

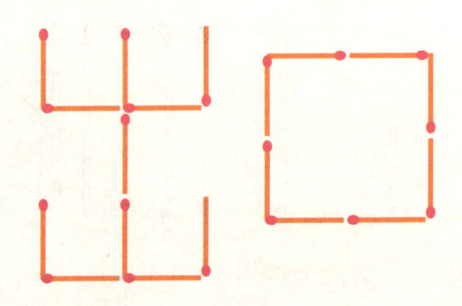

出口

19. 组词（四）

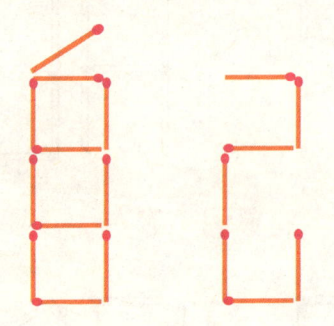

自己

20. 组词（五）

早上

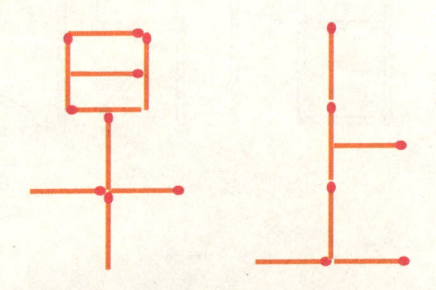

21. 组词（六）

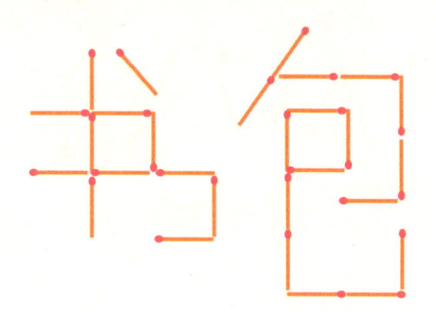

书包

22. 添2成汉字

米 父

23. 5根火柴棍

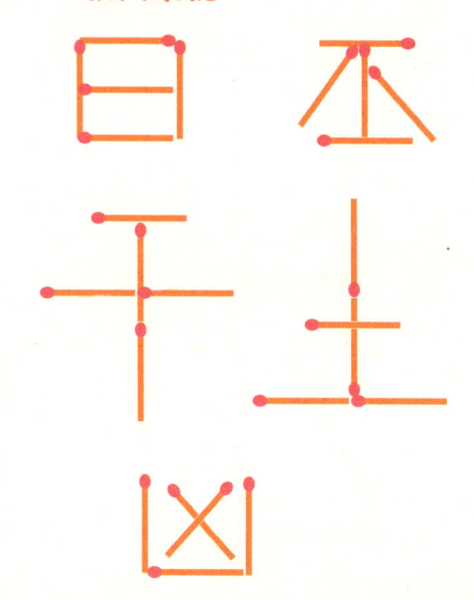

日 丕
干 土
凶

24. 6根火柴棍

此题答案不唯一。

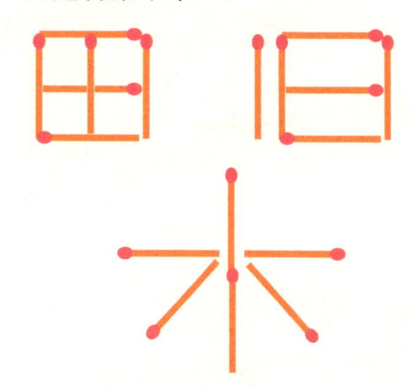

田 旧
木

25. 7根火柴棍

此题答案不唯一。

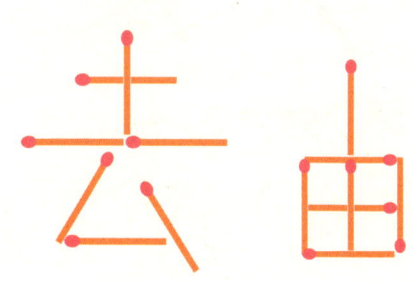

去 由

26. 成语（一）

一日千里

27. 成语（二）

上下一心

145

越玩越聪明的火柴棍游戏

28. 成语（三）

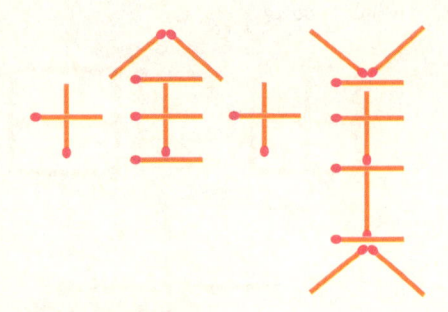

十全十美

29. 成语（四）

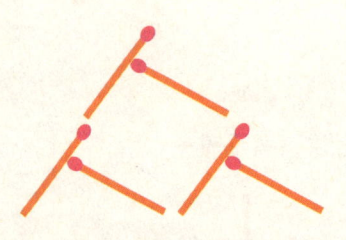

30. 巧变字母（一）

MATCH

31. 巧变字母（二）

FACE

32. 巧变字母（三）

THIS

33. 巧变字母（四）

MY

34. 巧变字母（五）

BREAD

35. 巧变字母（六）

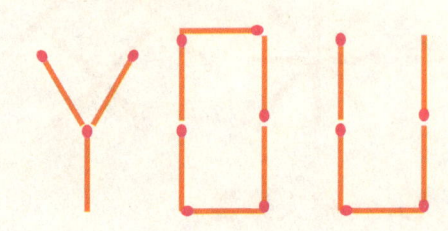

YOU

36. 巧变字母（七）

THANK

37. 巧变字母（八）

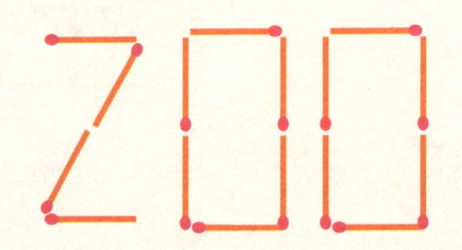

ZOO

参考答案

38. 巧变字母（九）

HAVE

39. 巧变字母（十）

LEARN

40. 巧变字母（十一）

ME

41. 变字

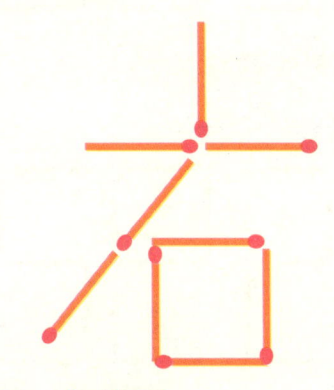

右

42. 加笔画

此题答案不唯一。

本 个 体

第四章 综合演练

1. 图书变成蝴蝶

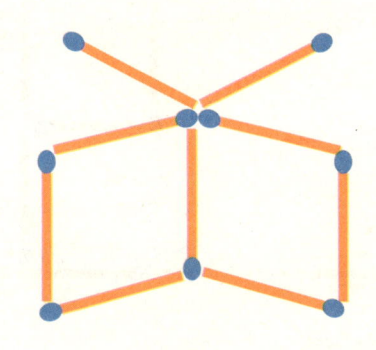

2. 鸡爪变成鸭掌

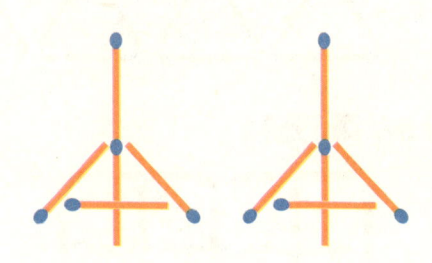

3. 加1变5

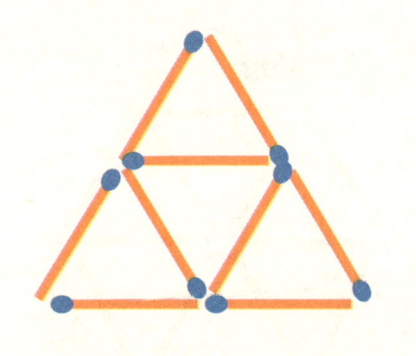

147

越玩越聪明的 火柴棍游戏

4. 2:1

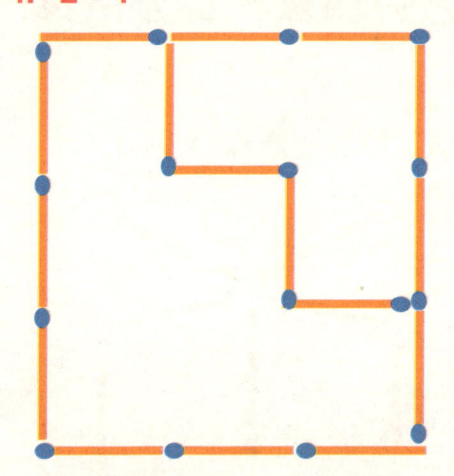

5. 大2倍

6. 添6变11

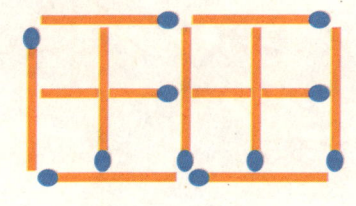

7. 巧移梯形

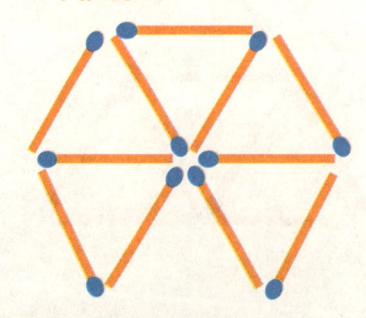

8. 1栋变2栋

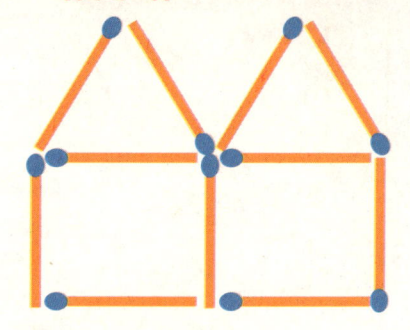

9. 图形变数字（一）

此题答案不唯一。

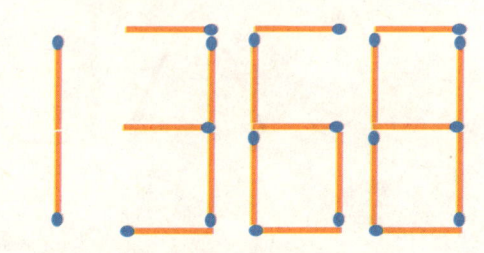

1368

10. 图形变数字（二）

此题答案不唯一。

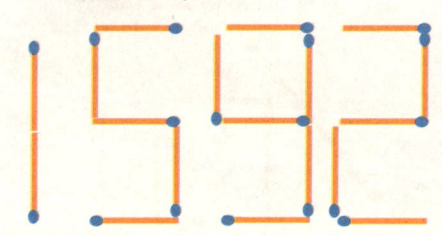

1592

11. 电脑变图形

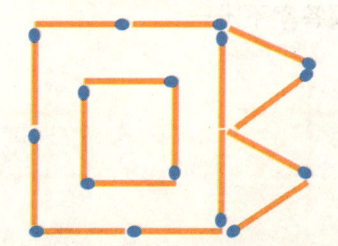

参考答案

12. 台灯变三角形

13. 蛇变成扫把

14. 巧变菱形

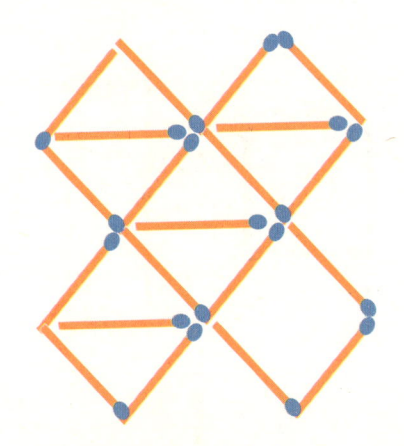

15. 老鼠变成雨伞

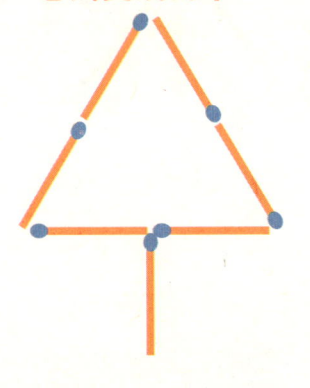

16. 增加桥洞

17. 矫正算式（一）

13+18=31

18. 矫正算式（二）

24-13=11

19. 矫正算式（三）

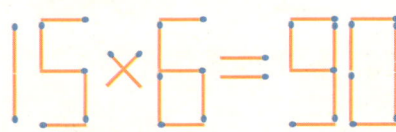

15×6=90

20. 矫正算式（四）

36-17=19

21. 矫正算式（五）

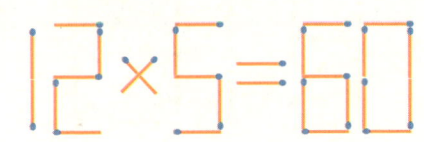

12×5=60

22. 矫正算式（六）

28+4=32

149

23. 计算出得数（一）

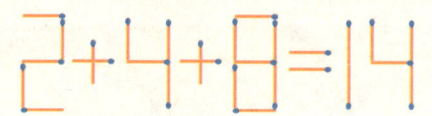

2+4+8=14

24. 计算出得数（二）

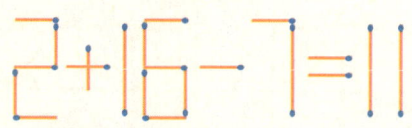

2+16-7=11

25. 图形变英语单词（一）

SAY

26. 图形变英语单词（二）

SOME

27. 图形变英语单词（三）

RICE

28. 图形变英语单词（四）

AND

29. 添加成汉字（一）

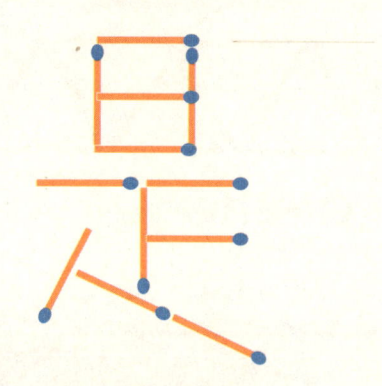

是

30. 添加成汉字（二）

此题答案不唯一。

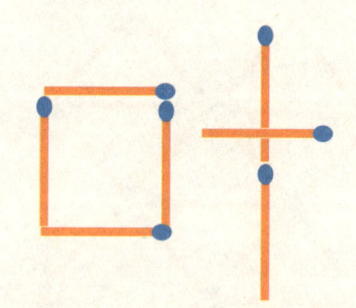

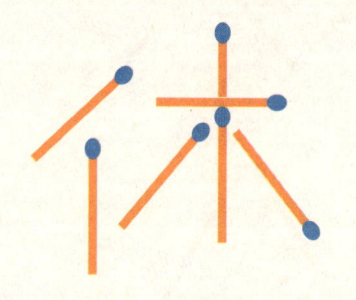

叶 休